ビデオによる
リフレクション入門

実践の多義創発性を拓く

佐伯 胖・刑部育子・苅宿俊文――著

東京大学出版会

Reflection-in-Action through Video Analysis:
Opening the Emergence of Multi-Meanings of Practice
Yutaka SAYEKI, Ikuko GYOBU, Toshibumi, KARIYADO
University of Tokyo Press, 2018
ISBN978-4-13-053090-3

はじめに

今日、教育実践や教育的活動（ワークショップなども含む）の分析に、実践活動のビデオ映像を用いての、実践のリフレクション（振り返り）が盛んに行われている。

しかし、一方ではビデオ撮影技術は日に日に進化している（ビデオカメラによるビデオ・テープ録画から最近はパソコンやスマートフォンなどによる撮影とメモリー保存・再生など）にもかかわらず、それらをどのように活用して、よりよい実践活動に向けての分析や討議（カンファレンスなど）に生かすべきかについて、きちんとした理論をふまえての最新技術の活用法については、あまり論じられてこなかった。その結果、家庭用のビデオカメラによるビデオ・テープ録画とその映像をスクリーンに映し出しての検討会（カンファレンス）となるのが、ごく一般的な「ビデオ分析」

の実態ではないだろうか。そのような「ビデオによる実践のリフレクション」の改善のための、新しいビデオ技術を開発したのであるが、そのビデオ技術がいかに「すばらしいか」を宣伝するのが本書の意図ではない。本書の特長をあえていうなら、まず、「実践をリフレクションする」とはどういうことかについて、徹底的な検討・吟味をすることからはじめる、ということである。その議論をしっかりふまえて、そこから「すぐれたリフレクションのありかた」を導き、それを実現するためのビデオ技術を開発する、という段取りになる。そこから、ビデオ技術の説明で、「なぜそのような分析ができるようにしたのか」が、ただ思いつきで「こういうこともできるといいなあ」という発想からではなく、「すぐれた実践研究」ではこういうことが分析できなければならない、という理論的裏づけをもって開発されていることがわかるであろう。つまり、本書のねらいは、「実践を分析する（リフレクションする）」ことについての理論的考察と、それをふまえてのよりよい分析を可能にするビデオ技術の開発とその活用について、両者を統合して紹介する、ということにある。

そこで1章では、そもそも「実践を振り返る（リフレクションする）」とはどういうことかについて、ドナルド・ショーンの名著『リフレクティブ・プラクティショナー［省察的実践者］』（*The*

Reflective Practitioner)』(邦訳では、佐藤学・秋田喜代美訳『専門家の知恵——反省的実践家は行為しながら考える』、柳沢昌一・三輪建二監訳『省察的実践とは何か——プロフェッショナルの行為と思考』で知られている)をもとに考えを深める。さらに、ショーンのリフレクション論に欠けている点として、リフレクションの対象が教育的対象(子ども、幼児)の場合に、傍観者的(三人称的)観察からではなく、対象に「二人称的(共感的)」にかかわるなかでのリフレクションの重要性を、ヴァスデヴィ・レディの「二人称的アプローチ」論をもとに検討する。これらの考察をもとにして、ビデオ映像をどういうことをどのように分析し省察すべきか、そのためにはどのようなビデオ分析が可能とならねばならないかを論じる。

2章では、「実践のリフレクション」が実際の教育実践研究において、どのように進められているかについて、とくに、ビデオ映像記録をもとに進められるカンファレンス(検討会)の一般的な現状をレビューする。そこから、現在のビデオ・カンファレンスの問題点と改善すべき点を整理し、「望ましいカンファレンス」のためのビデオ技術のありかたを整理する。

3章は、1章と2章をふまえて、適切なリフレクションを可能ならしめる望ましいビデオ分析のためのツールとしてCAVScene(「キャブシーン」撮影、記録、分析によるリフレクションのツール)の開発とその活用法について説明する。

4章では、CAVSceneと併行して開発されたもうひとつのビデオ・ツール「デキゴトビデオ」について説明する。デキゴトビデオは、同一空間を複数のビデオカメラで同時に撮影し、それらを複数の画面で並行して視聴できるようにしたものである。これは小グループで複数のメンバーがかかわりあう状況を分析したり、スポーツのプレイ（単独でも、グループでも）の動きを多視点から同時並行的に撮影して分析することを可能にするツールである。

5章では、これらのビデオ・ツールの活用から、実践の意味、おもしろさ、多様なものごとの関連づけなど、従来のビデオ・ツールではほとんど得られなかったであろう興味深い分析について、具体的な事例を用いて解説している。その1節はCAVSceneの活用からみえてくること、2節はデキゴトビデオの活用からみえてくることを、具体的事例をもとにして論じている。

6章では、一九九〇年代にある小学校の担任だった苅宿が子どもたちにビデオカメラを持たせて撮ったビデオ映像を見ながら、「ビデオを撮る」「ビデオを見る」ということの意味を、苅宿・佐伯・刑部が語りあった。その際、ビデオ撮影は単なる「記録」ではなく、撮る人の「語り」であり、撮られている対象（ヒト・モノ・コト）が語り出すことを引き出して代弁するものだということが確認される。

最後に終章は、本書におけるビデオ・ツールの開発とその活用の背後にある中心思想として、

「おもしろくなければ、つまらない」という考え方について説明してしめくくる。

（佐伯　胖）

目次

1章

リフレクション（実践の振り返り）を考える

――ショーンの「リフレクション」論を手がかりに

1 実践の「リフレクション（振り返り）」を考える

本書の表題は、『ビデオによるリフレクション入門』であるが、そもそも、リフレクション（振り返り）とは、どういうことかを考えることからはじめたい。

筆者（佐伯）が現在かかわりをもっている長野市の信濃教育会教育研究所は、設立から約七一年（二〇一七年四月に入所した研修生が第七一期生）になるが、現職の教員に対して一年目は県教育委員会の計らいで長期研修派遣として研究所に入り、研究所にほぼ毎日来て研修を受け、二年目は現場に戻り勤務しつつ毎月一回程度研究所に来て研修を受けるという機会を提供している。ところでその「研修」では、伝統的に「自らの実践の振り返り」と「研修員同士の学びあい」に専念することになっている。入所にあたっては、研修員は過去の授業実践のさまざまな記録（ビデオ映像、生徒が書いた「学習カード」、教師の指導記録、など）をもとに、自らの実践を徹底的に「振り返る（リフレクションする）」のである。それをほぼ隔週でA４判で七〜八頁の報告書にまとめて提出し、同じく隔週に開催される検討会（「テーマ研」と呼ばれる）では、その期の研修員（八名）の報告（報告書はすべて事前配付ずみ）をもとに、研修員たちと研究所の所員（多くは元校長と大学教員）らとで徹底した話しあい（朝九時半から夕方五時すぎまで）が進められる。筆者はその「検討会」に参加するのだが（ときどき、気がついたことをコメントする程度）、「実践のリフレクション（振り返り）」の厳しさとおもしろさに、毎回大いに感じ入っている。そのような実体験をもとにしつつ、「リフレクション（振り返り）」とはどういうことかについて、考えていくことにする。

2
ショーンの「リフレクション」論概説

ドナルド・ショーン（Donald A. Schön）の『リフレクティブ・プラクティショナー』（*The reflective practitioner: How professionals think in action*, Basic Books, 1983）には、二種類の邦訳がある。ひとつは佐藤学・秋田喜代美訳の『専門家の知恵――反省的実践家は行為しながら考える』（ゆみる出版、二〇〇一年）であり、もうひとつは柳沢昌一・三輪建二監訳の『省察的実践とは何か――プロフェッショナルの行為と思考』（鳳書房、二〇〇七年）である。佐藤・秋田訳は原著の第二章と第一〇章の一部（約三分の二）の抄訳であるが、柳沢・三輪監訳は原著全文の翻訳である。以下の論考は、おもに原著の第一章、第二章、そして第九章の原文精読（もちろん、全文の通読はしている）をもとにしたものである。

ショーンのねらい

まず、最初にいっておかねばならないことは、ショーンがこの本（*The Reflective Practitioner*, 以下では「RP本」と略す）で明らかにしようとしたことは、いわゆる実践知（実践のなかで生かされる知）とは何か、ということである。背後には、大学等で習得され研究される「専門的知識」が、現場の実践での問題解決にはほとんど役立たなくなっているということがある（専門的知識や専門教育がそういう事態を生みだしてきた歴史的背景はRP本の第一章に詳しい）。ショーンは、だからといって実践で生かされる知はほとんどがマイケル・ポランニーのいう「暗黙知」（ポランニー、二〇〇三）であって言語化できないものだとか、無理に言語化を求めるとかえって実践を妨げてしまうものだというような立場はとらない（もしもそうなら、実践者同士の対話や実践をめぐる共同討議は成り立たないばかりか、実践そのものをとらえなおしたり方向転換したり、違うアプローチを試したりということができないはずだが、実際にそれらは行われている)。それなら、実践者が実践をとおして、実践に即して、実践中の行為についていろいろな吟味をし、暫定的でもなんらかの意味づけをしたり、考えなおしたり、軌道修正したりするという知的営みがどういうものなのかを、具体的事例をもとに、できるかぎり厳密に、記述し分析しなければならないだろう。そこでショーンが提案するのが「行為のなかでの省察(リフレクション・イン・アクション Reflection-in-Action)」という概念なのだが、そこに行き着くまでに、実践者の実践にあたっての「知的行為」とはどのような行為なのかということから考えていかねばならない。

「なんとか切り抜ける知」

実践者というのは、ベテランであろうと初心者であろうと、実践現場ではたえず(AかBか、あるいはそれ以外かの)「判断」を迫られている。そこでは、その場の固有の「事情」(状況)とは無関係に決まっている「そうすべきこと」について、なんらかの「専門的知識」や規範(ルール、慣習)を適用すればよいというようなケースは、むしろまれであろう。現場では、こうかもしれない、ああかもしれない、こうなるかもしれないが、ああなるかもしれないなど、複雑で不確かで、あいまいで、意見の違いや価値観の衝突も起こりうるような事態を、まさに実践者の「とっさの判断」で、つまり、「考えている」という意識がほとんどなく、なんとか切り抜けているのである。P・ベナーは、ベテラン看護師が看護の現場でいかにみごとに、臨機応変で適切な対応を「とっさの判断」でこなせるようになるかについて、看護師の看護に熟達していく段階を追って記述している（ベナー、一九九二）。

　このような、現場で遭遇する問題に「とっさの判断」でみごとに対応するという「知のありかた」について、G・ライルは、そもそも人が「知的である（being intelligent）」とはどういうことかを、あらためて問うことから論じている（ライル、一九八七）。ライルによると、そもそも「知的である」ということは「多くの知識を所有している」とか「適切な方法（技術）を身につけている」ということではなく、しかるべきときに「適切な行為がとれる」という心的状態（ライルはそれを「傾向性 disposition」と呼ぶ）にあることなのだとしている。ライルは、このように結論づけるための前段階として、一般には「内容を知ること（knowing-that）」と「方法を知ること（knowing-how）」を分ける間違った考えかた[1]が広く存在していることを批判する。そのうえでライルは、そもそも「知っている（knowing）」ということは、この二分法を超えて、本当の意味での「方法の知（knowing-how）」であり、それは多様な問題状況に対して適切に対応する行為の知であり、それは「傾向性（disposition）としての知」であるとする。「知っている（knowing）」を、命題で表現できる内容的知識ではないとしたライルの提言は、先のポランニーの「暗黙知（tacit knowledge）」論にも引き継がれており、ポランニーはむしろ、「知」の多くは「言語化できない」ことに焦点をあてて、そのような「非言語的知」のことを「暗黙知」と呼んだ。

このようにみてくると、現場の実践で「知的に」行使されることについては、「考えること」はむしろあってはならないことのようにみなされてしまう。

ショーンがＲＰ本で主張するのは、こういう実践的行為についての神秘化に抵抗し、あえて、「実践者は実践にあたって行為について考えている」ことに焦点をあてる。もちろん、これはライルが批判する「心身二元論」——すなわち、（アタマで）「考えること」と（カラダで）「行為すること」を別々の営みとみなして、「どちらもやっています」とする考えかた——に陥るわけではない。実践者は「実践のなかで（実践に身を置いて）、さまざまな省察（リフレクション reflection）をしており、それは、いわば、「実践知」における「考えること」の復権——「実践カンファレンス」の存在理由はまさにそこにかかっている——を提言しているのである。そのような、「実践のなかでの省察」とはどのようなものかについて、ＲＰ本を読み解いてみよう。

「行為のなかで知っていること（knowing-in-action）」

ショーンは、行為のなかで「知っていること」とは、行為する前にもっている適用すべき知識であるとか、ことばで表しつくせるような「知っている内容」を指すものではないとしている（この点では、ライルの「傾向性としての知」の考えと同じである）。そのような「知」、すなわち、「行為のなかで知っていること（knowing-in-action）」というのは、たとえば「感じ（feeling）」を確かめている（こういう「感じ」だったか、違う「感じ」のようだ、とか）場合の「知っていること」である。あるいは、「どうもピッタリこない」「どこかズレている」という感覚、あるいは、「スッキリした（しない）」「ストンと腑に落ちた（落ちない）」という感覚を実感しているというのも「行為のなかで知っていること（knowing-in-action）」に含めている。[2]

「リフレクション・イン・アクション（reflection-in-action）」とは

行為のなかで「知っていること」というのは、行為中に頭に浮かんできたり、ふと「感じ取ったり」している状態であり、「迷っている」かもしれないし、「腑に落ちている」かもしれない。そこで、行為のなかで「知っていること」（思いめぐらしていること、感じていること、など）について、「吟味の俎上にのせる」場合のことを、ショーンは「リフレクション・イン・アクション」と名づけた。この「リフレクション・イン・アクション」をカタカナでない平明な日本語に言い換えるのは非常にむつかしい。佐藤・秋田訳も柳沢・三輪訳も、「行為の中の省察」と訳している。筆者が「むつかしい」と述べたのは、「陥りやすい誤解」がいろいろあるからである。

「誤解」されやすいことの第一は、「イン・アクション」の「イン」である。これを「〜のなかの」とすると、「イン・アクション」は「行為している最中の」を意味しているようにみえてしまう。ショーンによると、リフレクションをするのは、行為の真っ最中だけとは限らない。ショーンがあげている例でいえば、数ヶ月もつづく裁判期間中、被告の特定の行為についてさまざまな観点から吟味していることも、立派に「リフレクション・イン・アクション」なのである。保育のビデオ・カンファレンスのなかで、特定の子どものちょっと風変わりな行為について、実践のあとで、ああだったのか、こうだったのかと吟味しているのも、「リフレクション・イン・アクション」になる。つまり、この「イン」は、リフレクションを行っているときがアクションの「真っ最中」という意味ではない。「アクション」（行為）がまさに実行されていることに「焦点をあてている」ことを「イン・アクション」としているのである。[3] つまり、実践の流れ（文脈）に即して行為を吟味することは、すべて「行為のなかの省察」に含むのである。リフレクションするのが事実上、実践行為のあとであっても、実践のなかでの保育者がとっさに考え、臨機応変に対応していることについてリフレクションしているのであれば、ショーンのいう「リフレクション・イン・アクション」にあたる。

「行為に焦点をあてている」としたら、それは「リフレクション・オン・アクション」であり、「リフレクション・イン・アクション」とは違うのだという考えかた[4]もあるかもしれないが、ＲＰ本では、とくに断りがないかぎり、「リフレクション・オン・アクション」ということばを「リフレクション・イン・アクション」とは別のリフレクションとしては扱っていない。「リフレクション・イン・アクション」のさなかで、行為そのものに注意を向けることは当然生じている。特定の行為について、ふと「これって、どういうこと？」とあえて考える瞬間もあり、そういう場合には「オン」を使う。

ただし、ＲＰ本では第九章の終わりのあたりで、「リフレクション・オン・アクション」を、あえて「リフレクション・イン・アクション」と区別して対比的にとりあげることの危険性を指摘している。つまり、特定の行為を実践文脈と切り離して、「行為そのもの」を対象化する場合である。あるいは、特定の「行為」について、行為実践の文脈と切り離して「その行為」について価値判断をしたり、その行為の背後にある前提や枠組みを吟味したりする場合などである。これはライルが「知っていること（knowing）」を知識の適用とみなし、その良し悪しをなんらかの既存の価値命題から導くという、本来の「知」（傾向性 disposition）としての知ではないとしていることに通じるものである。本書の2章で「保育カンファレンス」のありかたについて論じる際に、特定の実践場面をあえて「切り取って」とりあげ、それを特定の「理論」や「価値観」から断定的に評価することの危険性を指摘するが、このことは、ショーンが「リフレクション・オン・アクション」を実践の文脈を離れてとらえる場合の危険性を指摘していることと相通じている。

　さらに、「リフレクション」について、これを辞書的に翻訳すれば確かに「省察」「反省」が該当しているのだが、これは先ほどから論じているように、行為のなかで（なんとなく）考えていること、感じていることを「吟味の俎上にのせる」ということである。「吟味」といったのは、そこには「これでほんとうによいのか」「もっとよい行為はないのか」について、その実践の文脈と結びつけて判断することで、ショーンはそれを「アプリシエーション（appreciation よさの鑑賞）[5]」と呼んでいる。もちろん、それを行うには、起こっている出来事を意味づけたり（sense-making）、（あくまで暫定的に）「理論」で説明づけてみたりすることも含まれてくるが、それらは実践者の立場からのものであり、意味づけや理論づけ自体が目的ではないことは当然である。また実践の良し悪しについて、一般的な観点から価値づける（判定を下す）ことになってはならない、ということも注意しておくべきであろう。さらに、そのときどきにみられる子どものすごさ、みごとさ、素敵さに驚く、というのも、当然、よさの鑑賞（appreciation）にあたる行為であり、「リフレクション」に含まれる。

「リフレクション・イン・アクション」について、もうひとつ、誤解を解いておきたいことがある。それは、「リフレクション・イン・アクション」なるものを、なにか修行を積んだ達人技であるとか、「専門家」が身につけるべきことのようにみなすことである。ショーンがいっていることを注意深く読み取ると、従来の「専門家」像を変えようとしている意図は汲み取れるが、それは、豊富な知識をもとに理論づけしたり、専門的に「習得」された技術を「適用する」のが「専門家」だとする専門家像を変えたい、ということなのであって、別段「専門家はかくあるべし」を示そうとしたものではない。したがって、たとえば入社試験の面接に向かう就活中の学生が、電車のなかで面接のときにどう聞かれたらどう答えようかと思いめぐらすのも「リフレクション・イン・アクション」だし、クラスで授業に全然ついていけない劣等生の子どもが、教師の発問に対しまったく答えがわからないけれど、必死で「わかったふうのそぶり」をして指名されることを避けようとしたり、運悪く指名されたときは、「なんでもいいから答えらしきことを答えて、あとはさっさと忘れるようにしよう」という戦略を考えるのも[6]、その子なりの「リフレクション・イン・アクション」である。

どういうときに、何を「リフレクション」するのか

では「リフレクション」はどういうときに生まれるのだろうか。ショーンによると、それはあらかじめ準備していたときに生まれるというより、突然予期せぬことに直面して「当意即妙（thinking on your feet）[7]」ができたとき、あるいは非常に緊迫した状況で「油断なく気を配る（keeping your wits about you）[8]」ときなど、まさに行為の最中で（「考える」ヒマもなく）生まれることもある。ここでショーンが別のところで使っていることばをつけ加えるなら、「うまくいった！」「これでよかった！」という「よさの実感（appreciation）」がともなっていることもあるだろう。

ショーンはこのような「うまくいった！」「まさにコレなんだ！」という「よさの実感（groove）[9]」が生まれるのは、さまざまな所に気を配り、何か「気にかかること」をみつけたときであり、突然ふと思いつくこともあるという。

あるいはなにかしら「ピタッとこない」ときとか、「何が何だかわからなくなった」ときとか、なにか「舌の先でいいたいことが出かかってきた」とき、選択肢がいくつもあって、どれにすべきか迷ったとき、などなどが続いているなかで、突然発見されたことが「まさにコレなんだ！」と腑に落ちることがある。さらに、「驚き」が生まれたときというのも大切だとしている（のちに触れ

るが、実践に「なれっこ」になると、「驚けなくなる」ので、その場合は、「驚けなくなっていること」こそ、実践のリフレクションの対象としなければならない）。

次に「どのように」リフレクションするのか、ということだが、それはもうさまざまであるとしかいえない。自分の感覚を研ぎ澄まし、「ピッタリ」感がもてるまでいろいろ試してみるとか、とりあえず思いつく「理論」で説明して、それにあてはまらないズレをみつけるとか、直感的にわかっている（と思っていること）をあえて疑って、あらたな説明を加えてみる（ショーンはそれを「knowing-in-action を knowledge-in-action に変換する」という）。ショーンは、たとえ不完全でも、「ことばで表してみること」も重要であるという。もちろん、もとの現実とのあいだで常に隔たりがあるのも事実であるとしているが。[10] それらは、当然、現場で試してみる（実験してみる）必要がでてくる。ともかく、「これでよい」というよさの鑑賞（appreciation）が生まれるまで、意味づけ、実験、探究を重ねるのが「リフレクション」である。

実践のなかのリフレクション

一連の行為がなんらかの包括的な意味や目的のもとにまとまったものととらえられる場合は、そのまとまりを「実践」と呼び、その「実践」のありよう自体をリフレクションの対象とするとき、それを「実践のなかのリフレクション（reflection-in-practice）」と呼び、その場合の実践者がreflective practitioner（リフレクションする実践家）ということで、RP本の表題になっている。

ショーンは、実践というのは、そのなかで「リフレクション行為」を意図して行わないとリフレクションをしなくなるとはっきりいう。仕事に熟達するにつれて、暗黙知が増大し、ことばで説明しなくても臨機応変に対応しているかのようになるが、実は、見たいものしか見ない、慣れていることしかしない、作業を分担して、担当外のことは視野の外に置く、自分の役割を固定し、やるべき作業も限定してしまう……などなどが生まれてくる。ものごとに「驚かなくなる」。「新奇なもの」が目に入らなくなる。不確実性、あいまいさ、リスク、価値観の違い、などを避けるようになり、波風が立たないような手立てをいつのまにか重ねている。また、ショーンは、熟達者は、「自己強化システム（self-reinforcing system）」に陥りやすいという。つまり、自分のやりかたが「正しい」ことを証拠づける事例ばかりに注目し、自分自身の行為システムを自ら「強化」するのである。

ではどうすればよいか。

それは、はっきり意識して、「行為のなかのリフレクション」にもどり、ていねいに一つひとつの行為をリフレクションするとともに、それらのリフレクションをつなげたり関連づけたりして、

「行為」の範囲や関連づけの文脈を変えてみるのである。

そのうえで、最後にショーンはリフレクションのなかで「変わること」と「変わらないこと」を分けて、「変わること」は常に「変えてよいこと」とし、「変わらないこと」は常にその「変わらない」原点にもどって、その枠組みの確かさを吟味していくことをすすめる。

リフレクションの「変わらないもの」と「変わるもの」

ＲＰ本の実質的な最終章（九章）は、「行為のなかのリフレクションの様式と限界」[11]（Patterns and Limits of Reflection-in-Action）である。そこではまず、行為のリフレクションについて、その「不変性（constancy）と変動性（variation）」[12]、つまり、「変わらないこと」と「変わること」について述べている。その不変性というのはそれが「状況とのリフレクティブな対話」の様式だという基本様式である。そこでは、まず当初はなんらかの問題設定があり、その答えを探すことからはじまることが多いが、探究過程で、問題設定は吟味の俎上にのせられ（リフレクションの対象になり）、別のものに変わることはまれではない。また、問題設定はなんらかの枠組み（考慮範囲や問題領域の限定）に基づいて探究されるが、探究過程で、その枠組み自体も修正されることもある。ただ、通常はいったん設定された問題設定や枠組みを変えることは難しく、新奇な事態が見いだされても、既存の枠組内のこととしてしまうことも起こる（たとえば、警報機が鳴っても、警報機自体の不具合によるとみなしてスイッチを切るとか）。

問題設定や枠組みは、「変わりうるもの」という認識をもっていれば、何かおかしいとか「意外なこと」に直面した際にとりあえず前提にしていたことに立ち返って考えなおし、変更してみることができる。「これって、そもそも何のためのものだっけ」とか「誰のためだったっけ」というそもそもの目的にもどって見なおすとか、「何が手に入るか、何が周辺にあるか」などの状況をあらためて見まわす、ということなども「変わりうる」こととしてとらえなおすことが生じるかもしれない。

一方、「通常は」変わりえないものとして、次の項目（ショーンは不変項目（constants）としている）がある。

・現実場面を記述するメディア（表現媒体）、言語、レパートリー（たとえば、ビデオ記録、日本語、など）
・「よさ」判断（appreciation）のもとになる、暗黙の前提になっている評価システム（たとえば、どういう保育が「よい」保育かなどのおよその価値観）

・包括的理論（たとえば、発達論、保育論、教育論、など）
・役割フレーム（現場保育者視点、保育園児視点、管理者視点、など）

こういう不変項が「変わらない」という前提があるからこそ、その範囲内で、問題設定が変わったり、視点を変えたり、起こりえる可能性の範囲を広げたりもできる。つまり、何かに迷ったり、わからなくなったり、複数の解釈に直面したときは、この「不変項目」の原点に立ち返って「理論」を立てなおすこともできる。

ショーンは、これらの「変わらないもの」も、絶対に不変だというわけではないとしている。いくつかの実践のリフレクションの経験をもとに過去を見なおしたり、領域の異なる専門家や実践家と交流したりすることで、ものごとの見かた、とらえかた自体をさらなる原点から問いなおし、考えかたそのものが変わってゆく、ということは起こりうる。[13] そのような可能性も、省察的実践者（リフレクティブ・プラクティショナー）は考慮しておくべきだとしている。

3 ショーンの「リフレクション」論を超えて

教育／保育実践のためのリフレクション

ここまでショーンの「リフレクション」論を検討してきたのだが、筆者の信濃教育会教育研究所での、現職教員の「振り返り（リフレクション）」過程に参加してきた経験と照らしあわせたとき、なにかしら足りないものを感じないではいられない。

ただ、このＲＰ本はさまざまな分野での研究開発におけるリフレクションについての「一般理論」を求めた研究書であり、人間（とくに子ども）を対象にする授業実践や保育実践だけに焦点をあてたものではない。

教育実践／保育実践に焦点をあてたリフレクションということは、保育対象となる子ども（乳児を含む）とよりよく、またより深く「かかわる」ということを目的とし、保育の実践現場のさまざまな状況に「身を置いて」（situated-in として）、保育者のありようをリフレクションすることである。

対象にどのように向かうか

教育／保育に限らず、人間を対象とする研究での対象（人間）に向かうありかたについて、ヴァスデヴィ・レディは次の三つの「向かい方（アプローチ）」があるとしている（レディ、二〇一五）。

①「一人称的アプローチ（First-Person Approach）」
対象を自分（一人称）と同じ存在であるとみなし、自分自身への内観をそのまま対象にあてはめて類推する。

②「三人称的アプローチ（Third-Person Approach）」
対象を自分と切り離し、個人的関係のないものとして、傍観者的に観察し、「客観的法則」ないし「理論」を適用して解釈する。

③「二人称的アプローチ（Second-Person Approach）」
対象を自分と切り離さないで個人的関係にあるものとして、情感をもってかかわり、対象の情感を感じ取りつつ、対象の訴え・呼びかけに「応える」ことに専念する。

心理学における「三人称的アプローチ」

発達心理学の多くのテキストによると、赤ちゃん（乳幼児）は生後二〜三ヶ月になるまで他人とのかかわりをほとんど理解してはいないとしている。たとえば、赤ちゃんの微笑（胎児の微笑も含め）は、たんに表情筋が突発的に活性化にしているにすぎないのであり、「対人関係」に基づいて行動するのはずっとあとであるとされている。さらに、三〜四歳になるまでは、他人の心が自分の心と違うことをまったく理解しないのだとされている。

レディは発達心理学者として、テキストのそのような記述に長年なんらの疑問もいだいていなかったのだが、自らが赤ちゃんを出産して、わが子と母親として親しくかかわりをもったところ、実際の赤ちゃんは（発達心理学のテキストの記述とはまったく違って）、生後まもなくから、はっきりこちらの微笑に「応えて」いるし、むしろ、こちらの注意を引こうと働きかけてくる――おもしろがらせたり、わざとふざけたり、みせびらかせようとしたりする――様子で、こちらと「人間として」かかわろうとしてきていることが明らかであった。

そこで、あらためてレディは疑問をもった。どうして、心理学では、赤ちゃんがこれほどまでに（むしろ、小憎らしいほどの）「人間くさい」、多様でしかも豊かなかかわりを、私たちに見せていることを見逃してきたのか。考えたすえレディが得た答えは、それは心理学が「科学的」という名のもとに「三人称的アプローチ」をとってきたことによるものだということである。

現代心理学は「科学」としてはじまり、「科学的発展」を成果としてきた。しかし、最近までの「科学」は、圧倒的に、自然や社会を変えるための技術を支える理論、原理を解明しようとしてきた。それは「どうすると、どうなる」についての一般法則を導こうとする。そのために、研究対象（心理学では乳幼児をふくめたヒト）とは「個人的関係から切り離して」、誰がやっても同じ効果をもつような「操作」による「刺激」を与えて、どのような「反応」がみられるかを、完全に「傍観者として」観察し、データを正確に記録する、という研究方法をとってきたのである。

脱・「三人称的アプローチ」さまざま

「人」の行動について、「三人称的アプローチ」の傍観者的観察から脱して、多様で豊かな、いきいきとした姿をありのままとらえるというのは、人類学的研究では古くから知られている。「観察のベランダから下りて」人びとと生活をともにし、情感的交流をもつことをとおして「厚い記述」を作成するというエスノグラフィ手法が広く知られている。このような研究法を心理学的研究にも取りいれ、フィールドワークによる「厚い記述」を重視すべきだとして、二〇〇四年に創設されたのが日本質的心理学会である。

また、鯨岡峻は、幼児教育の領域で、「客観主義的な行動科学心理学」を痛烈に批判し、その反発から、保育においては「まずは子どもの思いを受け止め、存在を認め、存在を喜び、子どもを優しく包むように接するべきである」として、そのように「子どもの心に保育者が自分の心を寄り添わせ、子どもとのあいだに『接面』を創ることができれば、保育者は子どもの心の動きを敏感にキャッチすることができます」と述べ、そのような「接面」ができると、「目に見えない子どもの心の動き」を保育者は（間主観的に）「感じ取る」ことができるのだとしている（鯨岡、二〇一五）。

レディの「二人称的アプローチ」

脱・「三人称的アプローチ」をより徹底させ、それに代わるべきものとしてレディが提唱しているのが「二人称的アプローチ」である。

レディが「二人称的アプローチ」を提唱するにあたって、その大前提としているのは、デカルトの心身二元論からの脱皮である。デカルトの心身二元論では、人の「心」は本人にしかわからないこととされる。有名な「我思う、故に我在り」というデカルトの言明では、「思う」ことは当人の内観（主観的世界）では疑う余地のない真実だが、外にあらわれる身体の動きは「心」とは別の（物理的・生理的）原理で動くとしている。それに対してレディは、「人の心は、行動に現れでている」、つまり、他者から「知覚」可能であるとする。[14] 人が何をしようとしているか、何を嫌っているか、何を喜んでいるか、など、他者の「心の動き」は、さまざまな情感として表出されているというのである。ただし、この多様な情感として表出されている「他者の心」は、観察者が三人称的（「傍観者的」）かかわりでは一切みえないという。

そこでレディが提唱する「二人称的アプローチ」は以下のような対象とのかかわりである。

① 対象を「個人的かかわりをもつべき特別の他者」とする。

② 対象を単なる情報交換以上の、なんらかの特別な情感をいだく対象とみなし、情感の流れに即して、自らは対象の要求（訴え）[15] にすぐに応じる義務を負う（第三者的に傍観したり、見過ごしたりしない）とする。

③ 対象とは、「見る―見られる」関係にあり、こちらが対象を「見ている」とき、その見るという行為は情感込みで対象に「感じ取られる」のであり、対象は、それに対しやはり情感込みで応じていることを「感じ取る」。

④ 対象を「感じ取る」というのは、対象の表情、動作の変化や動きを、「自己受容感覚（proprioception）」で感じ取る、つまり、自分の身体の動きのなかに湧き起こってくる「身

体感覚」を自覚することである。これは、いわば、対象に「なってみる」ことで、対象自体の側から外界を、自らの身体の全感覚で「感じ取る」ことである。

「二人称的アプローチ」からのリフレクション

もしも、これまでの保育実践・教育実践が、一般的な「三人称的アプローチ」に陥っていたとしたならば、それらを「二人称的アプローチ」からリフレクションするということは、ショーンが通常は「不変項目（constants）」とみなしている「よさ」の判断（appreciation）や包括的理論（発達論、保育論、教育論など）について、根本的な吟味を迫ることになる。

つまり、

・いままでの実践は対象を「三人称的」にみて、それを傍観者的に観察して「客観的」な法則や原理を導こうという「三人称的アプローチ」に陥っていたのではないか

というリフレクションである。そのようなとらえかたをさらに詳細にリフレクションするには、先にあげた①～④のようなとらえかたを実践のなかでしてきたかを、あらためて、自らの実践そのも

のについて、「実践についての省察（reflection-on-practice）」をすることになる。それは、ショーンが述べているように、「ものごとの見かた、とらえかた自体をさらなる原点から問いなおし、考えかたそのものが変わっていく」ということであり、実践の最中で急に思いつくといったような「実践のなかでの省察（reflection-in-practice）」とは省察の質がまったく異なる。

しかし、ひとたび「三人称的アプローチ」から「二人称的アプローチ」へ、いわばパラダイム転換を、完全に納得したうえで受け入れたあとには、具体的な実践現場の「なか」で、ときどき①～④を思い起こして、自らの実践を「二人称的に」随時軌道修正するというリフレクションは有効であろう。

レディの「一人称的アプローチ」

教育／保育など、人間を対象とする研究での対象（人間）に向かうありかたについて、レディがあげた三つの「向かい方（アプローチ）」のうち、「三人称的アプローチ」と「二人称的アプローチ」については、その概略を説明してきたのだが、「一人称的アプローチ」についてはこれまで説明がなかったので、「リフレクション」の観点から考察しておくことにする。

レディが「一人称的アプローチ」としているのは、「他者の心を知る」ときに、自分自身の過去の経験や、自分の行為のメンタル・シミュレーション（頭のなかでの仮想実験）の結果を対象に「あてはめる」というとらえかたである。

レディは、このようなとらえかたはデカルト二元論にはまっており、他者の心は外からは「見えない」という前提に基づいて、他者の心を「自分と同じ」とみなして類推するのだ、というのである。レディの「二人称的アプローチ」の立場からいえば、他者の心は、当人の表情、ふるまい（とくにこちらの働きかけへの応答）などの心的傾向性から、赤ちゃんでも「知覚可能」である（赤ちゃんも、こちらの「心」を読み取っている）としている。

したがって、レディの立場からは、「一人称的アプローチ」というのは、確かに「三人称的アプローチ」ではないのだが、自分の内観の世界に閉じこもっており、対象と「対話的にかかわる」ということがない——つまり、対象の予想外／想定外のふるまいに「驚く」ことがなく、対象の「よさ」についてあらためて「発見」する可能性が閉ざされている——としている。

しかし、レディの「二人称的アプローチ」には、対象に「なってみる」ことから自らの身体に生じる「自己受容感覚（proprioception）」をもとに、対象の外界への働きかけ（こちらへの応答を含め）を、いわば自分事として感じ取るというプロセスを含んでおり、その場合の「自己受容感覚」は、ある意味で「一人称的」わかりかただといえよう。

そうなると、対象を（「二人称的に」）深く「知る」には、さまざまな経験をしっかり「一人称的」にとらえる――自分自身がその経験で対象に何を感じ、どのような情感が働き、どのように応答せざるをえない衝動が生まれるかなどを意識する――ことが重要であることがわかる。[16]

これは、明らかに「自己」の充実した確立を意味している。しかし、その「自己」は、自分自身の内観世界に閉じこもる自己ではなく、他者のさまざまな生き様に即して、他者に「なってみる」ことのできる自己である。それは、自己が「独りで」生きているのではなく、他者と「ともに」生きており、多様な他者からの「働きかけ」に絶えず「応じている」自己である。他者の「未知性」に開いた自己であり、それはまた、自らも自在に変わりうる「未知性」をもつものとしての自己である。

ここでいう「未知性」というのは、人の「よき」ありようが、どこまでも未知であり、発見されつづける存在であるという、人間の人間としての「尊厳」を、自らにも他者にもゆるぎないものとして保ちつづけるということである。

このような、「自己のありよう」についてのリフレクション――いわば、「一人称的リフレクション」は、他者に対して豊かな「二人称的アプローチ」をひらくために、私たちにとって欠かすことのできないリフレクションではないだろうか。

教育／保育実践における「謙虚さ」

インターネットの動画サイトＹｏｕＴｕｂｅに、レディの「魅力、応答、そして他者の心を感じること（Attraction, Response and Feeling Other Minds)」と題する講演が収録されている。内容のかなりの部分は彼女の著書『驚くべき乳幼児の心の世界』と重なるのだが、驚いたのは、講演の最後に、私たちが他者に対して「二人称的にかかわること（second-person engagement)」のために心を開くには、「謙虚さ（ヒュミリティ humility)」が必要だと述べている点であった。突然〝道徳律〟が飛びだしてきたことに、正直、面食らってしまったのだが、調べてみると、レディはそのあと「謙虚さとかかわりへの開放（Humility and Openness to Engagement)」と題する講演もしており、それもＹｏｕＴｕｂｅに収録されていた（https://www.youtube.com/watch?v=3imloUK-DYE&t=33s)。

レディは、講演の冒頭で「私がとりあげる〝謙虚さ〟は、一般的な辞書にあるような〝己を卑下すること〟ではない」とはっきり断っている。哲学、心理学、社会学、さらには神学の領域では、「謙虚さ」は自己を低く評価することではなく、「他」の価値を正しく認め、学ぶべきこと、新たに知るべきことを受け入れるという「知性（wisdom)」本来のありようを指しているという。さらに、重要な点として、「謙虚さ」は「他」（モノ、ヒト）の「よさ」（真実性、美、潜在的可能性など）に目を向けており、それらの価値を引き出すことに注意が向いているため、むしろ「自分を忘れること（forgetting of self）」にその特徴があるとしている。

レディは「謙虚さ」の特徴として、次の5点をあげている。

① 自己の能力と達成について適正な評価をする。
② 間違いを認め、自分の知識の限界を知る。
③ 自分の考えと矛盾する出来事や他者の意見をいつでも受け入れる態勢を保つ。
④ 自分の位置づけ（役割）を、ものごとの大きなスキーム（企図）のなかの一部にすぎないことを見通している。
⑤ 自己への焦点化は最低限にとどめ、むしろ自己は「忘れている」（forgetting of self）状態が保たれている。

レディは、これらのことはすべて人が「他」と「二人称的にかかわること（second-person engagement）」へ向けて心を「開く」ための必要条件であるとしている。したがって、「自らを過度に卑下する」ということは、自分に対して不適正な評価をしながら、結局は自己への焦点化をしているという点で、「謙虚さ」とは全く異なるものだという。

このことは、「リフレクション」をもっぱら「自己反省」（自らの非を戒めること）としてとらえ、自分の至らなさに焦点を当てるのも――よくある「リフレクション」の誤解のひとつだが――「謙虚さ」ではなく、むしろそれに反することだということになる。レディのいう「謙虚さ」は対象に心を奪われ、専心没頭して、思わず「自分を忘れている」状態を指す。

レディのＹｏｕＴｕｂｅ講演動画を見た後、私はレディ本人にメールで質問を投げかけた。「〝謙虚さ〟は私たちが世界に向かう一般的な態度（attitude）ないし心の持ち方（state of mind）のようにも受け取れるが、レディが〝二人称的かかわり〟としているのは、個別の対象への向かい方であり、対象をどう見るかについてのことなので、〝謙虚さ〟というより、〝対象の尊厳を見ること（perception of reverence）〟ではないか」と問うたのである。レディからは数時間後に返信が来て、「あなたの言う通りかもしれない。自分も、〝謙虚さ〟という言葉には違和感があり、むしろ対象を〝敬意をもって（respectfully に）〟見ることと心で言い換えていた」とのことであった。

このことをリフレクション論にむすびつけて考えると、こういうことになる。つまり、対象の「ほんとうのよさ」が見えるまで、自らの早急な解釈や判断を差し控え、表面に出ていない「訴え」

が聴き取れるまで（ほんとうのことがわかるまで）「待つ」ということがリフレクションとして重要だと言うことである。そのことを痛感させてくれるものとして、田園調布学園大学大学院生の濱野陽子が私に話してくれた事例を紹介しよう。

場面緘黙のA子は園では誰ともかかわることなく、じっとだまって何もしようとしないことが多かった。ある日ある子がリリアン（正確にはリリヤン＝Lily-yarn、人工絹糸を筒状の編み機で細長いひもに編みあげる遊び）を持ち込み、遊びはじめるとみんながよってたかってやりたがり、保育者はリリアン編み機と糸をいくつか用意してみんなに遊ばせたが、A子はただ見ているだけで決して触ろうともしなかった。保育者はA子用の編み機と糸をなにげなくA子の目の前においても、一切触れようともしなかった。数週間後、たまたま他の子どもが全員、保育者と外に出かけていて、A子だけが部屋に残っていたのだが、みんながもどって驚いた。部屋にひとりでいたA子が長い美しいリリアンひもを編み上げていた（彼女は自宅にはリリアン編み機はなく、誰も教えていないし、園でも、特別に彼女に編み方を教えた子はいなかった。彼女は他の子が編んでいるのをただじっと見ていただけだった）。リリアン編みをしようとしないA子へは、保育者たちは一切の解釈も働きかけもせず、数週間、「わからない、わからない」と心でつぶやきながらもじっとただ見守っていた。保育者たちの長くてつらい「わかるまで、なにもしない」忍耐は、数週間後のA子のみごとなリリアン編みで一挙に解消、安堵と喜びで飛びあがらんばかりであったとのこと。その後、A子はまさに見違えるように「活発な子」に変容した。

ほんとうのことが（後付け的に）わかるまで待つという「謙虚さ」が生きた事例であろう。

わたしたちは日々、子どもの行動についてさまざまな想定（予想）をする。それによって環境を整えたり、目標を立てたりする。しかし、そのような「想定」は実際にその先を見たとき、裏切られたり、予想外だったり、修正をせまられたりすることがしばしば起こりうる。ここで大切なことは、予想が外れること、意外な展開が生まれることを想定する（「想定外」の想定をする）ことである。「矛盾や修正をいつでも受け入れる用意がある」というのも、レディのいう「謙虚さ（ヒュミリティ）」の重要条件のひとつであった。このことを、リフレクションにあたっての重要な留意項目に加えておきたい。

（佐伯　胖）

注

［1］　認知科学のはじまりのころ、T・ウィノグラードは、コンピュータに「知識」をもたせる研究

（「知識表現」研究）にあたって、「古い哲学的な区分」と断った（明らかにライルを読み違えている）うえで、「知ること（knowing）」について「knowing-that（or what）」と「knowing-how」の二種類があるとし、前者の知識を「宣言的知識（declarative knowledge）」、後者の知識を「手続き的知識（procedural knowledge）」と名付けた（Winograd, 1975）。ちなみに、佐藤・秋田訳も、柳沢・三輪監訳も、ＲＰ本での「knowing-that」を「宣言的知識」、「knowing-how」を「手続き的知識」と訳しているが、これは誤訳である。

［2］「knowing」は、柳沢・三輪監訳では「知の生成」、佐藤・秋田訳では「知」と訳されている。ちなみに、ショーンは「knowing」と「knowledge」は明確に区別している。「knowledge」というときは、ライルのいう「命題で表現される（言語化される）内容としての知識」を指している。「knowing」の内容は、ライル同様、原則的に言語で表現できないとしている。

［3］あえて言い換えると、「in」というのは「situated-in」のことである。

［4］秋田喜代美は佐藤・秋田訳の「解説」で、以下のように述べているが、誤解である。「活動の流れの中で、瞬時に生じては消えゆく束の間の探求としての志向を、『行為の中の省察』と呼ぶ。これは行為のあとに立ち止まってふり返る思考『行為についての省察（reflection on action）』ではない』」。これが誤解であることは、ＲＰ本第九章（柳沢・三輪訳、二九七〜二九九頁）で、行為のなかの省察における「立ち止まって考える」ことの重要性を述べていることから明らかである。

［5］「appreciation」を佐藤・秋田訳も柳沢・三輪監訳もともに「理解」と訳している。

［6］劣等生のこのような「みごとな」合理的戦略については、ジョン・ホルト著、吉田章宏監訳『子

ども達はどうつまずくか』（評論社、一九八一年）に詳しい。

[7] 佐藤・秋田訳も柳沢・三輪監訳も「歩きながら考える」と訳しているがともに誤訳。

[8] 佐藤・秋田訳では「自分についての智恵を持ち続ける」、柳沢・三輪訳では「分別をもち続ける」とあるがともに誤訳。

[9] 佐藤・秋田訳では「はまり所」、柳沢・三輪監訳では「自分の型」と訳されている。本来「groove」というのは、強いて訳せば「のっている」状態のこと（それをみつけることを「finding the groove」といい、そういう題名の本は多く出版されている）。

[10] 直感的知（intuitive knowing）をなんとかことばであらわすことについてはRP本第九章二節（柳沢・三輪訳二九四〜三〇三頁）に詳しい。熟達者が直感的知を多様な比喩を用いてあらわしたものを生田らは「わざ言語」と呼び、わざの熟達には重要な役割があるとしている（生田・北村、二〇一一）。

[11] 柳沢・三輪監訳で第九章の章題は「行為の中の省察の類型と制約」と訳されている。

[12] 柳沢・三輪訳では「定数と変数」と訳されている。

[13] これはいわゆるトーマス・クーンのいう「パラダイム転換」である。村上陽一郎は、日常生活のなかでも「目から鱗がおちる」経験、「わかったぞ！」経験はしばしば起こり、それはこれまでの考えかたの枠組みを構成するシステムのなかで、ものごとの優先順位（何が決定的に重要で、変わりえないと見なすか）が突然変わるのだとしている（村上、二〇一五）。

[14] この点についてレディが論拠としているのは、ギルバート・ライルが他人の「心」を知るのは

「心」についての知識の利用や推論によるのではなくその人の行為の心的「傾向性」（disposition）を知覚することだとする認識論である（ライル、一九八七）。

〔15〕「訴え」というのは、表面的な「欲求（What is desired）」ではなく、当人が「(自分も、他者も、その周辺状況も含め）よくあるべき、よくなるべき（What is desirable）」ことをあらわしている、いわば「倫理的傾向性（disposition）」を指している。

〔16〕このような観点から、私たちがもっと「一人称的」探求をすべきであるとしているのが諏訪正樹らの提唱する「一人称研究」である（諏訪・堀、二〇一五）。

2章

教育実践をリフレクションする

前章では、ショーンの「リフレクション」論を中心に、「リフレクション（振り返り）」とはそもそもどういうことなのかについて考えてきた。それを受けて本章では教育実践研究において、リフレクションがどのように活用されてきたかをレビューし、リフレクション研究の難しさ、問題点などを明らかにして、次章以降で開発される「リフレクションのためのビデオ技術」へ向けての導入とする。

1 「実践のリフレクション」はどのように研究されてきたか

実践事例のリフレクションをもとにした教育研究には、大きく三つのタイプの研究があるとされている（中坪・岡田・三宅、二〇〇九）。

ひとつめは、アクションリサーチと呼ばれるものである。アクションリサーチは、研究者が現場をよくしよう、変革しようというスタンスで現場に介入する研究である（エンゲストローム、一九九九九／山住、二〇〇四)。アクションリサーチは、明確な目的と計画があり、それを実行し、その結果を評価し、次の改善に向けてのアクション（Plan-Do-Check-Action のサイクル）がとられる。このサイクルを繰りかえすことで、よりよい実践に改善していこうとするものである。それゆえ、介入者は実践の問題となる場面を記録し、どのようにすれば問題を解決できるのか助言する役割を担っている。一方、実践者は変革や改善を迫られ、期待される立場となる。

二つめは、保育現場を対象にしたエスノグラフィ研究である（Tobin, Wu, & Davidson, 1989)。エスノグラファーは、異文化的なまなざしをもち、その現場に興味や関心をもって入っている。しかし、彼ら／彼女らはアクションリサーチを行う研究者と異なり、現場の問題となっている場面を記録し、研究するのではなく、その実践のありのままの文化や独自性を尊重し、記述する。エスノグラファーは、実践を変革しよう、よくしようという期待はもっておらず、また実践者は変革を迫られる立場にはない。

三つめとして、カンファレンスがあげられる。カンファレンスというのはなんらかの実践現場についての記録をもとに、さまざまな立場の参加者が、実践者自身の目で、そこで起こっている出来事を分析し、具体的場面に即して実践のありかたを検討し、「よりよい実践」に向けての実践的知見を生みだそうとするものである。

これら三つのなかで、実践活動の実際に即して、1章で述べた「実践のなかのリフレクション」がもっとも中心的になるのは、三番めの「カンファレンス」であろう。

実際には、アクションリサーチでも、エスノグラフィーでも、「実践」研究であるかぎり、どこかの段階で「カンファレンス」ないしはそれに類する検討が行われることが望ましいのではないだろうか。

そこで、以下では、カンファレンスによる実践研究を中心に考えていくことにする。

2　カンファレンスの導入とビデオの利用

そもそも、教育研究で、授業実践後に実践を振り返り、議論する「授業カンファレンス」が行われるようになったのは一九八〇年ごろからである。「カンファレンス」ということばが教育界で使われるようになったのは、実践にかかわる人たちが特定の実践を集団で振り返る場をつくることで、教育の実践研究を豊かにすることを願ってのことであった。教育学者の稲垣忠彦は、それまでの授業研究に、ビデオ記録をもとにした「授業カンファレンス」を提案し試みていた（稲垣、一九八四）。そのきっかけとなったのは、次のような場面に立ち会ったことに由来していると稲垣は述べている（稲垣、一九八六）。

カンファレンスというとき、私はある場面を思いうかべる。それは一九六三年東北大学附属病院のある医局でのことである。ある医師をたずねて待っていたところに、七、八人の手術着をつけた医師のグループが入室し、ただちに討議がはじめられた。はなれた場所で専門用語がわからないままに二十分にわたる討議をきいていたのであるが、その内容は、完了した手術についての討議であった。年配にちがいがあり、教授から助手、研修医を含むグループとみられるのであるが、まったく対等な議論であり、それぞれの診断を結果にもとづいて吟味し、次の方策をきめるものであった。面会の相手がみえたので、その場をはなれたのだが、その討議はつづいていた。

この経験は、私のその医局への信頼感を厚くさせるものであった。そこには個別の患者に対する責任感と、より適切な方法をもとめる使命感と、共通の課題のもとで、すべてのメンバーが対等に議論する真剣さがあった。またそこには、臨床と基礎との統一の志向もあったといっ

てよいだろう。（稲垣、一九八六、四四〜四五頁）

このように、「医師が病院や研究会で、臨床の事例にもとづき、その事例に対する参加者各自の診断をつきあわせて検討し、その論議をとおしてより適切な診断をもとめるとともに、そのような検討、研究をとおしてプロフェッションとしての医師の力量を高めていくように、教育の実践においても、ビデオ録画した実践事例に即して、実践者・研究者を交えての検討を行い、教育実践についての専門家としての力量を形成していく場をつくり、それをプロフェッションとしての成長、発展の基盤として位置づけるという提案」が授業カンファレンスの試みであった（稲垣、一九八六）。

具体的にはどのような方法で授業カンファレンスを行うのだろうか。稲垣（一九八六）によれば、カンファレンスの具体的方法は

① ビデオを利用し、映像によって実践を対象化するとともに、授業の中で見おとしていた子どもの表現をとらえ、子どもへの理解を深めること、

② 学校や研究会において、お互いにビデオを見あい、それぞれの授業における判断や見解を交換し、それをとおして、相互に授業を見る目をひろげ、きたえること、

③　さらに同じ教材で複数の教師が授業をおこない、その比較をとおして、それぞれの授業の特質や問題を検討すること。（稲垣、一九八六、四三頁）

としている。このように、授業カンファレンスにおいて、授業を「見る目」を広げていくことを稲垣がいかに重要視していたかは、③の比較について、いずれかの優劣を評定することを目的とするものではないとの断り書きを加えていることからもわかる。つまり、同じ教材の授業にも、さまざまな方法があり、またそこに教師の個性が反映していることをとらえ、それぞれの意義と問題点を検討することによって、授業に対する感覚や知見を広げるためであり、たとえば新卒の教師の実践に新鮮なよさを発見し、逆にベテランとされている教師の授業に定型化した特徴を見いだすといったように、授業を見なおし、それを見る目を広げることを目的とするのである。

こうした新しい授業研究の動きに刺激を受けて、森上（一九八八）は「保育カンファレンス」を保育界に提唱することになる。保育カンファレンスということばを森上が提唱した一九八八年とは、一九八九年の幼稚園教育要領改訂、その翌年一九九〇年の保育所保育指針改定にも森上がかかわった時期とほぼ重なっている。この改訂は、大人の視点から設定した発達理論に基づく従来の保育観とは異なり、保育を「子どもの視座」から見なおそうとした保育観への大きな転回があり、保育における「幼児理解」の重要性が前面に打ちだされた改訂となった。

文部省初等中等教育局幼稚園課教科調査官を務め、全国の幼稚園を視察し、一九八九年に幼稚園教育要領の改訂に森上と同様にかかわった高杉自子は「子どもの視点にたてるということは、保育者が子どもの立場になって考え、相手の心を想像し、相手に寄り添った応答ができるということである」(森上、二〇〇三)とし、これを具体化するためには、保育現場の実践的研究による保育者たちの検討が必要なのであり、保育カンファレンスの重要性を森上とともに訴えた。高杉は、文部省初等中等教育局幼稚園課教科調査官時代に全国各地の幼稚園をまわった経験から、全国から集めた膨大な数の幼稚園の実践のビデオ記録による保育カンファレンスを全国的に展開した。

このようにして展開されていった「保育カンファレンス」の目的は、①多様な視点に気づくこと、②本音で話しあえること、③問題に気づくこと、④(多様な視点に触れることで自分の視点が)ゆらぐこと、⑤問いを立てること、⑥ひらくことが大切である、と『保育研究』の特集号で討論されている(大場・森上・渡辺、一九九五)。

3 保育カンファレンスはどのように行われているか

現状の保育カンファレンスはどのように行われているのかについて、保育の事例研究やケース検討をともなう実践研究を調べてみた。その結果、カンファレンスの多くが、先に述べたアクションリサーチに近いものであることがみえてきた。そもそも保育のカンファレンスは実践の向上を目指し行われるものであるから、それは当然のことなのかもしれない。このようなカンファレンスでは、研究者は助言者の役割をもつ場合が多い。このような助言者としての研究者は、教師経験もあるような実践のコミュニティ内の情報にも、最新の理論にも通じている、いわゆる教育学を専門とする研究者であることもしばしばである。そのため、ともすると、現場の人びとは自らの課題を研究者に依存する傾向もあり、また研究者が指導するという立場になりやすく、「発言の対等性」がカンファレンスでは重要であることがわかっていても、対等な関係性をつくるのは難しいことが従来の研究から指摘されている（田代、一九九五）。多くの人がカンファレンスの必要性を唱えながらも、実際の現場では「本音で話しあえない」という問題が横たわっていること、対等に話しあいともに変容していくことの難しさがあることが、保育カンファレンス導入の当初から指摘されていた（金澤、一九九二／大場・森上・渡辺、一九九五）。

一方、エスノグラフィー的な観点を重視したカンファレンスがあるかというと、それはほとんどないことがみえてきた。確かに、エスノグラフィー研究は実践のコミュニティや文化のありのままを記述していく研究であるから、そもそも実践をよくしようとか、変えていこうということを意図していない。しかし、トービンらのエスノグラフィーによるビデオ記録（Tobin, et al. 2009）からは、実践者が自身の実践についてや他国の実践について生き生きと語る姿が見られる。ここには、よい聴き手であり、話を引きだす素朴な問いをもったエスノグラファーの専門的なかかわりがあってのことだということがわかる。そもそも稲垣が多様な立場の人が対等に話せる場を目指した場をあえて「カンファレンス」といったのだとすれば、もっとエスノグラファーのような異なるまなざしをもった人のかかわりにも着目する必要があるのではないかと考える。森上（一九八八／一九九五／一九九六）が述べたように、保育者たちが日常の保育の豊かさやおもしろさをともに発見し、参加者の多様な視点や価値の交流によってひとつのものの見かたや視点に縛られずに、実践を多角的にとらえることが可能になることで、よりよい実践へとつなごうとするものこそ、カンファレンスで目指されることだったのではないだろうか。

このような観点から広がっていった保育カンファレンスでは、意欲ある教育実践者たちは、講師から一方的に学ぶというこれまでのスタイルから、多様な視点からの、またそれぞれの専門的立場からの、誰もが本音で話せる場にしたいと願い、積極的にそのような試みを行おうとしてきた。

しかし、誰もがそのようなカンファレンスを願って試みても、実際には参加者同士の立場の違いを超えて対等に話す場が創りだせない、上手くいかないという研究報告が続いた（金澤、一九九二）。また、実践をリアルに映像で見せるビデオ・カンファレンスは、問題となる場面を赤裸々に見せつけられ、指摘されて辛いという実践者からの声も聞かれた（刑部、二〇一二）。

保育研究者の森上（一九九五）が述べるように、カンファレンスは、それぞれの実践者がその人らしい実践を創りだすために、他者と交流し語りあうなかでそれは再発見されつくられていくものでなくてはならない。ところが、実際にやってみると、稲垣や森上が願っていたようなカンファレンスには至らず、結局は誰かの意見がとおって、多様な意見は出しづらいものになってしまう。至らない個人の実践者の過去について反省する「反省会」のような、なんとも後ろ向きのリフレクションの場になりがちであった。

4　ビデオ・カンファレンスはどうありうるか
——「リフレクション」を支援するために

長年、保育実践のビデオ記録を撮り、それをもとにビデオ・カンファレンスを実践してきた岸井（二〇一三）は、一般的にはカンファレンスに対して「時間ばかりかかった」「何の話しあいにもならず、見て終わりだった」「（保育の）欠点の指摘に終わった」という声も聞かれ、そのよさや危険性、限界などをふまえての充実したものになっていないことが多いとしている。そのうえで、ビデオ記録の撮りかた、その活用法、ビデオ・カンファレンスの進めかたなどについて、自らの経験をもとにさまざまな提言をしている。以下は、筆者（刑部）なりにそれらの要点をかいつまんでまとめたものである。

① 批判・評価の場ではない

ビデオによる保育カンファレンスは、保育の良し悪しを判断する場ではないし、すでに終わった実践について「ああすればよかった」「どうすべきだったか」など保育行為を批判する場でもない。またベテランや専門家が一方的に経験の短い保育者を批判する場でもない。

② **対等な参加者**

カンファレンスの参加者はすべて対等でなければならない。それぞれ、自分の感じかた、考えかたを素直に表明する。発言に園内の上下関係を反映させたり、ベテランが若い保育者を「教えよう」とするものであってはならない。

③ **多様な視点・新しい解釈**

異なった視点をもった参加者がそれぞれの見かたを出しあい、聞きあい、互いが自分の見かたの枠を広げたり変化させたりする。同じ出来事を別の文脈や別の出来事との関連から、新しい解釈の可能性をさぐる。

④ **すごさ、おもしろさを味わう**

ビデオをとおして発見する子どものすごさ、おもしろさ、奥深さに驚き、惹きつけられ、味わうことから、それらを「見る」こと、さらにそれらが「見えてくる」ことこそ、カンファレンスの目的でもあり、かつ醍醐味でもある。

ところで、岸井のあげている実践研究は、特定の実践を特定の時間、特定の撮影者が撮ったビデオによる映像記録について集中的に討議するというものであり、すべて「実践後」の振り返り（省察）に終始することになるのだが、ビデオ撮影者を含め、カンファレンス参加者（多くの場合、実践者）の関心は、実践現場でのとっさの判断、身のこなしかた、子どもを見るまなざし、かかわりかたなど、実践の最中での判断や注意、気配りにカンファレンスでの省察の結果を「活かす」ことを目指しており、当然のことながら、1章で論じられたショーンのいう「実践の中でのリフレクション（reflection-in-practice）」そのものであることは、いうまでもないことであろう。

岸井のあげた四項目の中心になっているのは、実践記録に対して、特定の立場や暗黙の権力構造からの影響を退け、できうるかぎり多様な立場や視点から、多様な意味づけの可能性を開く、という考えかたである。

ここで、岸井の四項目にはなかった項目を、1章で紹介したショーンの「リフレクション」論から付け加えるとすると、次のような項目があげられるであろう。

⑤　なにかしら放っておけない「気づき」をやりすごさない

「あれっ?」「しまった!」「おや?」「なぜ?」「何だろう?」……など、どこか感覚的に

「ひっかかったこと」を思いだして、あらためて考えなおすことで、重要な「見すごし」や「見まちがい」がわかったり、本当の「問題」が見えてきたりする。

⑥ 自ら「慣れっこ」になっていないかを問いなおす

初心者や「部外者」のなにげないふるまいやことばから、自分が「熟知している」「熟達している」と思いこんでいることで、大切なことを見すごしていたり、勝手な解釈を当てはめていたりしていないか、あえて疑うのである。

さらに、佐伯が「ショーンのリフレクションを超えて」（本書二〇ページ以下）として論じた点については、1章の3でいくつかの項目をあげているので、それらを参照されたいが、ここでは、とくにレディの「二人称的アプローチ」からのものとして、次の項目を加えておこう。

⑦ 対象を三人称的に見て、三人称的にかかわっていないか

対象を自分と同じと「一人称的に」見ていたり、対象を傍観者的に（三人称的に）観察して、既存の概念や理論で勝手な解釈をしたりしてはいないかを吟味する。また、対象に情感をもって「二人称的に」かかわり、対象の立場、本人の真意（「訴え」）に聴き入ることができているかをリフレクションすることである。

⑧ 対象の「訴え」を読み取る

対象の逸脱的な（「問題」を引きおこす）行為に対して、指導的・評価的まなざしではなく、本人が訴えたい「隠れた本当のねがい」を読み取って、「ああ、だからそうしたんだ」と納得できるように、対象の表情、そぶり、小さなつぶやきなどを、周辺とのかかわりを含め、最大もらさず、繰りかえしビデオ映像を見なおす。

以上、岸井があげた「望ましいカンファレンス」の四項目（①②③④）に加えて、ショーンのリフレクションからの追加項目（⑤⑥）、さらに、レディの「二人称的アプローチ」から⑦⑧を加えた、全八項目のリフレクションを満たすカンファレンスを、ここであらためて「多義創発型」カンファレンスと呼び、それを最大限に可能にさせるビデオ技術のもつべき条件を探ることにする。

5　新しいビデオ・テクノロジーの可能性

岸井がカンファレンスのために撮ったビデオ記録は、特定の「記録者」（当該の保育実践者ではない）が、どのような場面でどのような出来事を撮るかをその場で判断して、一定期間撮影したもので、撮影するために利用したものは、ごく一般的な「家庭用ビデオカメラ」であった。しかし、今日、ビデオ撮影は、ノート型パソコンやスマートフォン、デジタルカメラでも可能であり、その記録媒体も「磁気テープ」だけでなくハードディスクなどの記憶媒体に手軽に保存させることができる。岸井は、基本的に「磁気テープ記録」を利用していたため、さまざまな再生ごとに、「巻き戻し」と「高速再生」で、注目すべき場面を探りだし、その前後を「スロー再生」したりするということを繰りかえさねばならないが、それはかなりの時間と労力をともなっていた。しかしこのことも、最近のビデオの再生技術ではきわめて効率的に行う方法もありうるのではないだろうか。

さらに、先ほどの岸井のビデオ記録の活かしかたでは、ビデオ撮影方法そのものは、すべて特定の撮影者（記録者）の当座の判断に任せられている。しかも撮影中の撮影者の気づきや、撮影者自身の「思い」や「ねらい」などは通常は記録に残らない（岸井は、当座での「ノート」に文字で観察記録もつけているが）。このようなことも、今日のビデオ技術では簡単に改善可能である。そうなると、実践の「振り返り」（リフレクション）そのものも、もっと具体的実践に即した、「実践のなかでのリフレクション」に活かせるものになる可能性もある。

このような「多義創発型」カンファレンスを可能にし、ビデオ記録の「活かしかた」をもっと効率的に行うために、ビデオ撮影、ビデオ再生の方法をどのように改善できるか、それは具体的にどのようなかたちで実現できるかについて考察し、新しいビデオ撮影／再生のテクノロジーとして、新しく「CAVscene」を開発し、それを実践に活かす試みをした成果をまとめた（3章）。さらに、CAVscene から示唆を得て、カンファレンス以外にも、さまざまな実践の分析に活用し、実践の改善に向けて簡便かつ柔軟に活用できるように、あらたに「デキゴトビデオ」というビデオ・ツールを開発し、それをさまざまな実践現場で活用した成果も加えた（4章）。また、これらのビデオ・ツールは、実践の見えかたをどのように発展させてくれるかについて、それぞれのツールごとに考察した。

（刑部　育子）

コラム・「感じること」と「知ること」

「感じる」とは何か

「感じる」といえば、通俗的には「五感」(視覚、聴覚、触覚、味覚、臭覚)の働きだとされるかもしれない。これらの感覚に加えて「クオリア(qualia)」(「質感」ともいわれるが適訳がないためカタカナ表記が普通)も含めて「感性」と呼び、英訳「KANSEI」までつけて日本文化の中心なのだと喧伝《けんでん》する風潮すらある。人の心理や教育にかかわる人たちならば、感情、情動、情感、気分といった「心で感じること」をまっさきに思い浮かべられるかもしれない。

いずれにしても、多くの人たちは、「感じる」ことは、少なくとも「知ること」とは違う、とされるのではないだろうか。「知ること」というのは「頭で考えること」であるのに対し、「感じる」のは「体(あるいは〝心〟)が反応すること」というのが一般的な解釈ではないか。

「知る」という働きの起源

「知る」という働きの起源をたどったときに行き着くのは、数万年前に描かれた洞窟壁画だ。明らかに、太古の人たちが何か「わかったこと」（心に留めておきたいこと）を形にして残そうとした痕跡が、アルタミラやラスコーの洞窟に数万年前に描かれた壁画だろう。

私（佐伯）は数年前、一九九四年に発掘された世界最古とされるショーヴェ洞窟壁画（三万二〇〇〇年前のものとされる）の記録映画（3D画像）を観たが、洞窟内に描かれている馬、野牛、マンモス、熊たちの姿に圧倒された。それらの動物が集って駆け巡り、ぶつかりあっている、まさにその「現場」に立ち会っている感覚にとらわれて見入ってしまった。一歩離れて分析すれば、映画のナレーションが解説していた通り、その「見事な描写力」は近代の画家たちの力量に引けを取らないレベルのものだったが、その映画を観ていた私たちには、それらの動物たちの吠え声、うめき声、駆け巡るひづめの音、さらに、それを間近に見ている人（描き手）の息遣いや心臓の鼓動さえ感じてしまうものだった。私たちは確かに、三万年以上前の人たちの「知る」という経験を「共にしている」実感を持った。

二〇一〇年二月一九日付の『日本経済新聞』朝刊の「文化」欄に、中央大学教授の山口真美氏が「ラスコーの壁画」についてのコラムを寄せている。

一万五〇〇〇年前のラスコーの壁画には、生き生きとした動物の姿が描かれている。その表現には驚くばかりだが、真骨頂は空間の描き方にある。

二次元の絵に奥行きのある三次元世界を描き出す遠近法の技術を発明したのは、ルネサンス時代の芸術家だといわれる。ところがはるか昔の旧石器時代に、近代絵画の手法は使われていたのだ。

堂々と描かれた黒い牛の後ろには、ぼんやりとした馬の姿がある。遠くにいる馬は、牛よりも小さく描かれている。牛の角をよく見ると、手前の角は奥よりもしっかりと太く描かれている。これらは奥行きを描く絵画的な手法である。近いものは大きく遠くのものは小さい、遠近法の基本がそこにある。

こうした絵画表現から、当時の人々の精神構造を考えるのも興味深い。たとえば精神発達からすると、空間表現は空間認識能力の発達を反映する。幼い子どもは、奥行きのない平べったい絵や、空間を無視した絵を描くからだ。

しかし最近の研究から、幼稚な絵画表現は抽象的な概念形成に直結することがわかってきた。プロ顔負けの写実的な絵を描く児童が言葉を学習した途端、普通の子のような稚拙な絵を描きだしたという。顔から手足の出ている薄っぺらな人の姿の横に、モデルの名前が書かれていた。写実的に対象を表現する代わりに言葉を使うようになったのだ。

この最後の一節にある「プロ顔負けの写実的な絵を描く児童が言葉を学習した途端、普通の子のような稚拙な絵を描きだした」というのは、「怖い話」ではないか。ここでいう「言葉」というのは、明らかに「書き言葉」だろう。「話しことば（あえて、ひらがな書きにする）」は、その子だって、また、ラスコーの壁画の描き手だって、もちろん、ショーヴェ洞窟壁画の描き手だって、堪能だったに違いない。

「書き言葉」の怖さ

文字を使って表す「書き言葉」は、古代エジプトのヒエログリフの頃から、明らかに「事実を記述する」ための記号だ。目の前の誰かに語りかける「ことば」ではない。当然、傍観者的観察を書き手に強いるのであり、書き手は「三人称的」見方にならざるをえない。したがって、目の前の「事実」を「AはBなり」というような命題表現で表し、「感じる」こと（思わずわき起こる情感）は抑制することになる。

しかし、教育（保育を含む）の世界では、指導計画も実践記録も実践報告もすべて「文字で書く」ことが要求され、子どもたちにも、「ちゃんと言葉で表現すること」を要求する。このような「文字言語中心主義」は、「知る」という営みの原点である「感じること」を排除することになってはいないだろうか。そこから「子どもを見る」ときにも、「言語的表現」を思い描いて見てしまっているとしたら、それだけは避けたいことだ。

（佐伯　胖）

（『幼児の教育』一一七巻一号、二〇一八年一月を改稿）

3章

リフレクションのためのビデオ・ツール

——CAVSceneの開発をとおして

本章では教育実践を見るとはどのようなことなのかを、実践観察からカンファレンスに至るまでのリフレクションを支援するビデオ・ツールCAVSceneの開発をとおして考える。

1　ビデオによる「場面」や「出来事」の切り出し技術が生まれた背景

テープ型ビデオを切ることなく回しつづけた理由

私たちは教育実践を観察するとき、「ここはちょっと気になる」「あれ、この発言って何だろう」「この子どもはおもしろいことをしているな」、など見えてくるものを切り取って見ている。その場で起きていることは他にたくさんあっても、焦点化して出来事として見えていることと見えていないことがある。

筆者（刑部）は学生のころから、教育実践をビデオによって観察記録してきた。このとき筆者が記録をした目的は、保育者が対応に悩んでいたある子どもが園にどのように参加しているのかを明らかにするためであった（刑部、一九九八）。しかしビデオ観察をはじめたばかりのころは何をどう撮れば、目的に合う撮りかたになるのかよくわからず、また、どの場面が重要だ、あるいは重要になりそうだということもわからないため、ある子どもとその子どもに関係する周りの子どもたちを視野に入れ、録画を切ることなくビデオを回しつづけた。このような撮りかたは、いま考えてみれば、観察中にその場で重要な「場面」とそう発展する可能性の少ないと思われる「場面」を判断するだけの読み取りもできないために、できるかぎり録画をしつづけておき、あとから分析をして「重要な場面」を探りあてる撮りかただった。

膨大にかかるテープ型ビデオ記録の見なおしの時間

このようなビデオ記録は記録後、見なおすだけでも大変な労力がかかった。実践の観察を週に一度二時間程度行うのだが、そこで何が起きていたのかもう一度見なおして把握するためには、録画時間と同じく二時間以上見なおすことになる。ようやく、ここが重要だと見えてきたあとは、何度も巻き戻してその場面を見なおす。子どもと保育者とのやりとり、子ども同士のやりとりの詳しい解明のためには、数秒ごとにテープを止めて行為を文字化することもある。小さな子どもの場合、ことばが明瞭でなく聞きとれないことも多い。ことばだけを拾っていては何が起きているのかわからないので、非言語的な行為も含めて文字にして記録化する。そのため作業は困難を極める。このようなビデオによる分析作業を繰りかえし、実践者の方たちに結果を報告するまでに、録画時間の約一〇倍の時間がかかるという状況であった。ここで、筆者がもっとも問題だと感じていたことは、観察者自身が分析しリフレクションするのに膨大な時間がかかり、実践者と共有するまでに数ヶ月かかることであった。せっかく長い時間をかけて見なおした記録も、実践者にお見せできたときには実践当事者にとってはすでに遠い過去の実践の出来事で色あせたものになり、日々の実践を話す「実践カンファレンス」にほとんど役には立っていないということであった。

その日のうちにビデオ・カンファレンスをしようとすると……

その後、別の幼稚園で実践カンファレンスをすることになり、月に一度、園に赴いてビデオで観察することとなった。このときは園内研究会を開く目的のために、当日の実践をビデオで観察し、その日のうちに園全体でビデオを見なおしながらカンファレンスが行われた。筆者は以前に比べ、観察中から「重要になるかもしれない出来事」とそうでないものの区別がつくようになっていた。しかし、興味深い出来事というのは、観察中気がついたときにはそうなっているということが多く、出来事が起きはじめた瞬間に録画ボタンを押すのでは遅いということがわかっていた。そのため、大切な瞬間を逃すまいと相変わらず、ビデオを回しつづけた。このような長時間撮りつづけた記録は、ビデオ・カンファレンスでそれを見るだけでも時間がかかった。さらに、保育の現場では子どもが動くのに合わせ場を変え、移動しながらビデオを回しつづけているため、映像が揺れ、見づらいビデオ記録となっていた。ビデオ記録をカンファレンスで効率的に見るためには、あらかじめ重要な場面や出来事を編集して切り取っておいたほうがいいのだが、その日のうちにカンファレンスをしようとすると、現場では編集する時間がなく、そのままお見せする事態になってしまうのである。このようなやりかたでは、カンファレンスでビデオを見るのに時間がとられ、また、議論の時間もほとんどないという状況に陥りがちだった。

ビデオのなかの重要な出来事にたどりつく工夫

ビデオ・カンファレンスにつながる記録をどのように撮ればいいのか、筆者は試行錯誤をつづけていた。工夫の一つは、観察中、気になる場面に出会ったら、ビデオカメラの時刻を小さなノートにメモしておくという方法である。時刻を記録することによって、ビデオ・カンファレンスで時刻を頼りに気になる場面を振り返りやすくする。

工夫の二つめは、ビデオを撮ると同時にデジタルカメラを併用し、気になる場面に出会ったら、その場面を写真（静止画）にも同時に残すという方法である（二〇〇〇年当時ビデオはデジタルテープ、デジタルカメラが出はじめたころだった）。当時のテープ型ビデオは、画像上にメモが書きこめないので、どこにその場面があったのかを思いだすことが困難で、見なおしたいところへたどりつくために時間がかかる。しかし、写真（静止画）一覧があれば、それがインデックスとなり、その日全体の活動のなかからどの場面を見なおしたいのか選択しやすくなる。この写真にさらに時刻が入っていれば、写真を見て出来事を把握し、時刻を頼りにビデオ記録のなかからその出来事を探しだすことができる。このように、メモ帳、デジタルカメラ、ビデオカメラの三つの別々の道具をひとりで使いこなしながら、ビデオカンファレンスで記録を振り返りやすくしていたのである。

2　ビデオ・ツール CAVScene の開発

筆者がビデオ・カンファレンスにすぐに役立つようなビデオの撮りかたを試行錯誤し、苦労していたころ、同僚の画像工学専門の研究者（戸田真志、当時公立はこだて未来大学、現熊本大学）が、いまの技術であればそれがひとつの道具で可能になるかもしれないと、すぐに道具の試作にとりかかってくれた。当時はまだまれであったカメラ付き、タッチパネル式のコンピュータに、メモが書きこめるビデオ・アプリケーションとして開発しようという提案だった。また、テレビの録画でおなじみのサムネイル（小画像）一覧というアイデアも活かされた。筆者は当時から、実践全体のなかから出来事がシーンとして浮かんでくるという自身の記憶のしかたが、観察や記録の見なおしを助けるのに重要だと考えていた。最初の試作は画像が並ぶサムネイルの一覧が、録画をしながら同時に重要な場面として登録され、コメントが音声により画像の下に文字化される技術を埋めこんだ道具（シーンにコメントがつけられる装置 Scene Commentary Device: SCD）として開発された（Gyobu & Toda, 2008）。

さらに、開発から一年後、インターフェイス・デザインを専門とする研究者（植村朋弘、多摩美術大学）が開発チームに加わった。その後われわれが開発したビデオ・ツールは実用化され、研究のコンセプトである「動きのある活動をビジュアルシーンとして集合的に分析するためのツール（Tool for Collective Analysis of Visual Scenes in Moving Activities）」（Gyobu, Toda, Uemura, & Kudo, 2009）からCAVSceneと命名された。現在はｉＰａｄ専用のアプリケーションとして製品化もされている（図３・１参照）。

図3・1

CAVScene© お茶の水女子大学（開発者：刑部育子・植村朋弘・中野洋一，2014）

CAVSceneならではの新しい技術

ビデオ・ツールとしてのCAVSceneの技術の第一の特徴は、重要な出来事になるかならないかわからない場面をも記録しつづけることを支援する「背後録画」技術と、観察中から重要な場面として登録しておきたいときには、この「背後録画」からリアルタイムに可視化されて登録される「記録化」の方法が仕組まれていることである（図3・2参照）。あとになって重要な場面だと思われたときには、「背後録画」からあらためて「切り出し」なおすことが可能で、可視化される「記録化」の過程を再編集できる。

第二の特徴は、リアルタイムに記録しながら重要な場面を時刻入りでサムネイル（小静止画）一覧として画面左側に登録し、いつでも出来事の推移を見ながら観察をつづけることができるということである（図3・3参照）。このことによって、観察中の出来事の全体の把握のみならず、ビデオ・カンファレンスのときに、撮影者でなくとも、見なおしたい場面を簡単に選択し、巻き戻しの作業がなくともクリックひとつでその場面から見なおすことが可能になった。

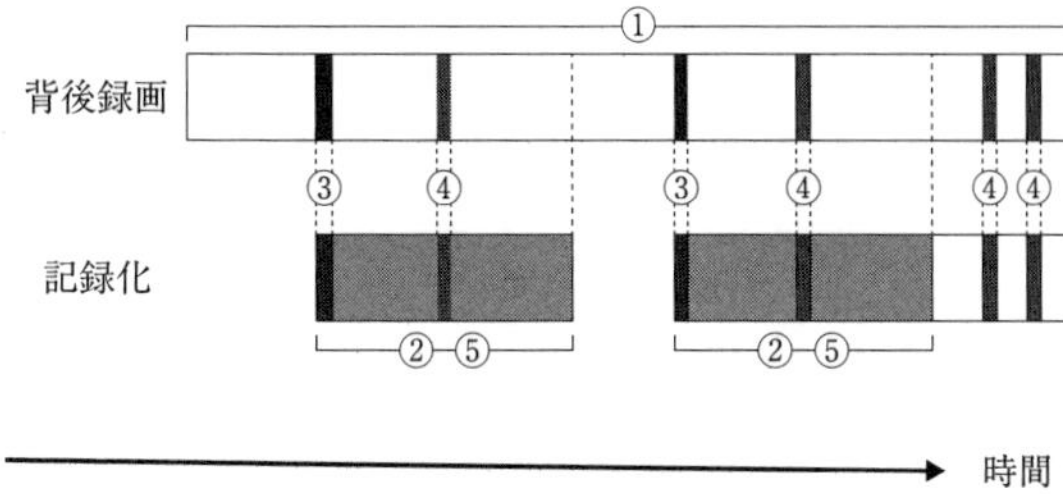

①「全過程の背後録画」
②「動画（セグメント）」の随時選択的記録
③「動画（セグメント）」発端の「静止画」の自動的サムネイル化
④ ③とは別に，独立の随時「静止画」撮影とサムネイル化
⑤（動画）サムネイルのクリックによる「動画（セグメント）」の再生

図3・2
「背後記録」と切り出された出来事の「記録化（可視化）」のしくみ

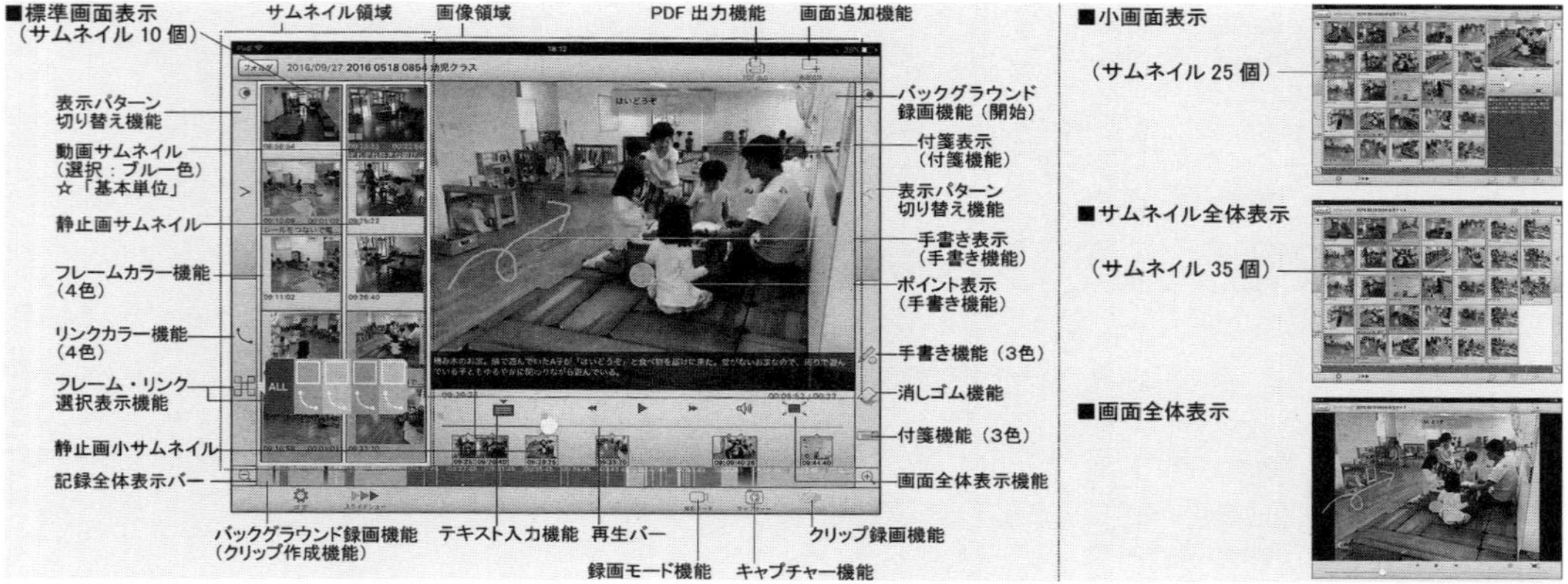

図 3・3
CAVScene のインターフェイスデザイン（多摩美術大学　植村朋弘）

3　ビデオ・カンファレンスはどのように変わったのか

このような技術とインターフェイスが開発されたことにより、見なおしたい出来事にたどりつくための時間が大幅に短縮された。観察者は観察中から、重要な場面としてはっきりと知覚できなくとも、重要になるかもしれない場面はとりあえずサムネイルにして残す「予感登録」が気軽にできるようになった。このような登録ができるようになると、ビデオ・カンファレンスで話題になった出来事へのアクセスが容易になった。

このことは、観察者が中心となって話題が進まざるをえないビデオ・カンファレンスの会話の状況をも一変させた。カンファレンスの参加者の意見から話題をはじめても、それに近い場面にすぐにアクセスできることで、観察者中心の話題提供でなくとも話がしやすくなった。このことにより、多様な参加者が場面に基づいて意見をいえることによって、多義創発型の議論がしやすくなったのである。以下の図3・4は、CAVScene 使用前、使用後にどのようにカンファレンスでの会話のしかたが変わってきたのかを示している。

従来のテープ型のビデオ記録では、たとえば、映像記録のなかから四番目にとらえられた出来事（出来事4）のある場面を見るためには、時系列に出来事1から見るしかなかった。たとえ映像を早送りするなどしても、出来事4までたどりつくにも時間がかかるし、早送りしているあいだに、その場面が過ぎてしまったりと厄介な作業であった。さらに、四番目の気になる場面（出来事4）を見たあとで、それはどのようなプロセスを経て起きていたのかを吟味するためには、また出来事1から戻って見なおさなければならなかった。

他方、CAVSceneでは、出来事の提示順序が時間の順でなくとも可能である。出来事1であっても出来事4であっても出来事9であっても、どの出来事にも同様に一覧インデックスからアクセスが瞬時に可能である。図3・4の「CAVSceneの場合」に示したように、出来事4を先に見て、あとで出来事1に戻って見るのもなんの困難もない。出来事3は映像にはあるもののカンファレンスのテーマに関係ない映像はアクセスがまったく必要ないので、従来のように流して早送りする手間もない。このように、CAVSceneではカンファレンスの話しあいで焦点化したいところだけに時間をかけてゆっくり見ればよいのである。このことによって、従来は視聴時間に時間を取られがちであったビデオ・カンファレンスにおいて、議論や討論に十分に時間を割くことが可能になった。

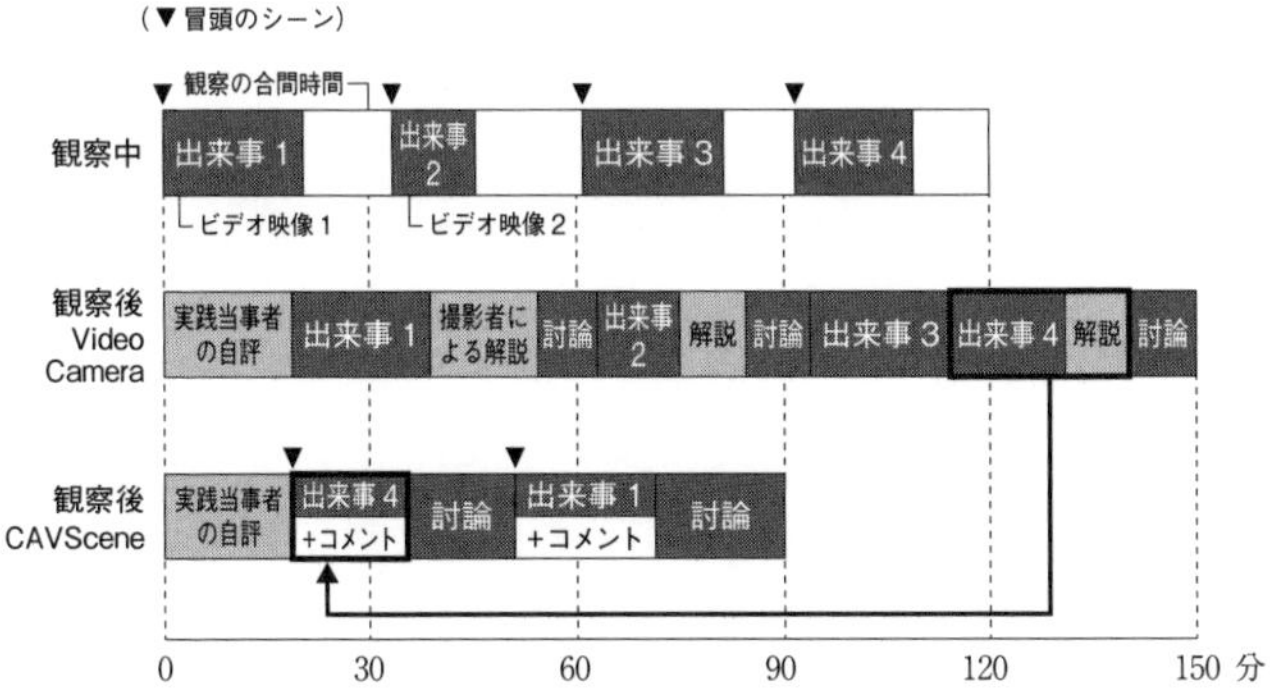

図 3・4

CAVScene によって出来事の提示順序がどこからでも可能になる．

4 実践者のリフレクションが十分に活用されるために

CAVSceneが製品化されて以降、利用者がCAVSceneをどのように使用したのかを見ることで多くの発見があった。当初、筆者は実践者が実践中にCAVSceneを使うことは難しいだろうと考えていた。CAVSceneが小型化され、片手で持って記録できるようになったとはいえ、子どもとかかわりながら実践当事者が記録に利用するのは無理だと考えていたからである。しかし、予想に反し、実践者はCAVSceneの手軽さから毎日使う人まで出たのである。CAVSceneは手に持たずとも置いておくことができ、ボタンひとつ押せば重要な出来事を登録できる。CAVSceneは実践を編集せずともすぐに見なおすことが容易である。その日のうちにまた、さらなる気づきを付け加えることができる。このことが日々進行中の実践を何とかしたいと考えている現場の人たちにとって有用だったのだろうと考えられる。

さらに、実践者の記録は、筆者のような観察だけをしていればよい研究者の記録と大きく異なっていることも興味深かった。研究者は現場に毎日いるのではなく、そのときの限られた時間いるにすぎない。研究者は実践者のように子どもの日々の成長や歴史は知らないので、気づきがあいまいで限定されている。何かおもしろいなと感じても、書きこむ方法が「気になったところに色をつけておく」「○をつけておく」など、記録が言語化されないことも多い（図3・5参照）。とくに筆者のようなずっとビデオで記録して研究してきた者は、映像で全体の雰囲気を思いだすことに慣れていて、観察中はことばとならず、あとで文字化し、分析するなどしてなんとか重要な出来事をあとづけ的に言語化してきた。

一方、ベテランの実践者の何人かの記録を見てみると、どの人も重要な場面について、端的なことばで的確にまとめる「ネーミング」のような行為が数多く見られるという特徴が浮き彫りになった（Gyobu, Uemura, Nakano, & Sayeki, 2014）。このことばは、記録を撮りつつその場で書いたもの、あるいはその日のうちに書いたものであった。そのことばとは、たとえば「Kちゃん、みずから動きはじめる」などという記述である。いままでみずから動きはじめることの少なかったK児が、能動的に動きはじめた瞬間の気づきをこのことばは示している。このようなことばは、記録者の解説がなければ他の人にはわかりにくい短いことばかもしれない。しかし、実践当事者はこのことばさえあれば、そのときの驚き、感動、全体の雰囲気すべてがまるごと場面とともに蘇る。つまり、1章で明らかにされた「リフレクション・イン・アクション」があとになっても、いつでもできる記録

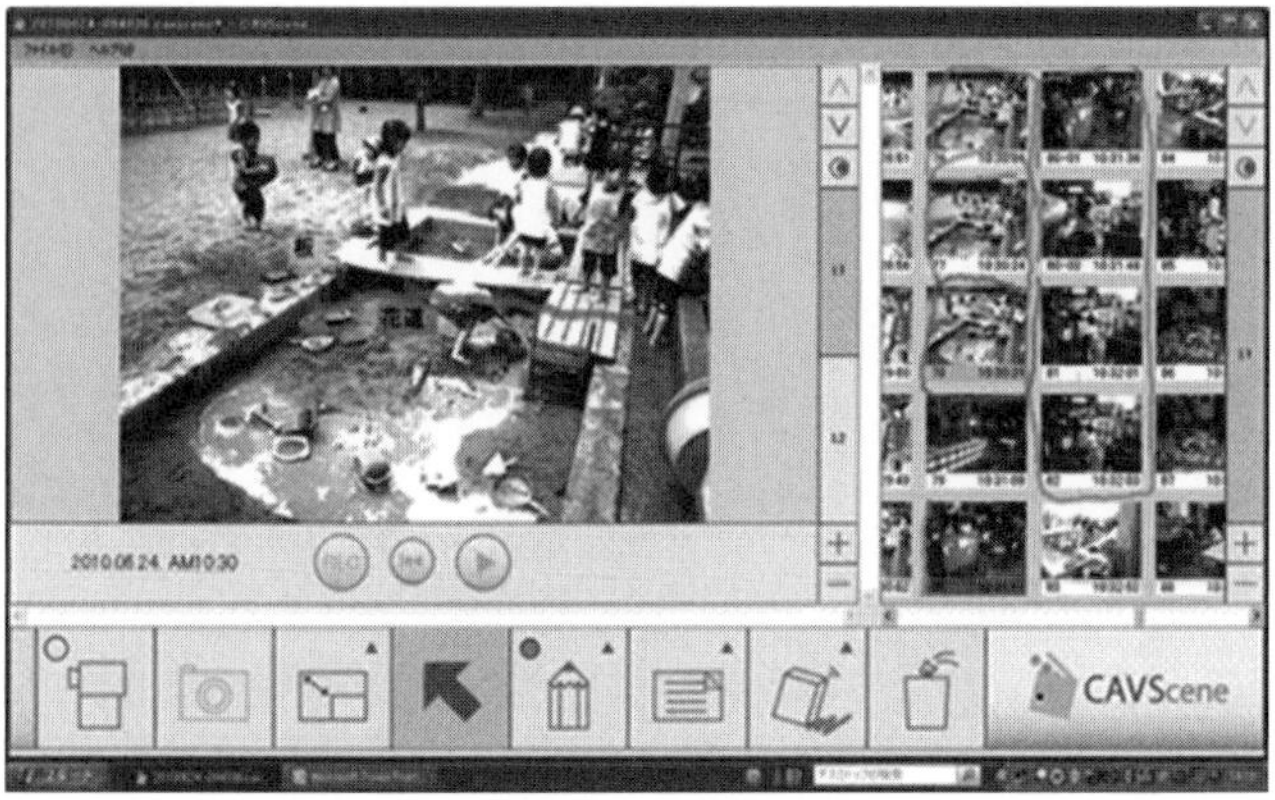

図3・5

研究者によるビデオ記録の典型的画面（旧 CAVScene, 2010 版使用）

図3・6

実践者によるビデオ記録の典型的画面（旧 CAVScene, 2010 版使用）

として登録され，可視化されている。このような記録があると，ビデオ・カンファレンスの参加者も，実践当事者がこの場面を提示しながら，どのような視点から，どのような気持ちでこの場面を見ていたのかを知ることができる。すなわち，実践当事者の「リフレクション・イン・アクション」をビデオ・カンファレンスで共有することができるのである。

従来，ビデオ・カンファレンスでは，ビデオを使えば，ビデオ記録を見るだけで時間がかかり，このようなリフレクションにたどりつくことが困難だった。実践中のせっかくの気づきも，その多くは次々と起こる出来事を前に忘れ去られるか，あるいは記録の山に埋もれてしまい，「リフレクション」を複数の人と共有し，対話的に深めることは難しいことだった。

このように「リフレクション・イン・アクション」が記録をした者のみならず，他者と共有され，明日の実践をつくる糧となること，すなわち実践知に結びついていくことこそCAVScene——「動きのある活動をシーンによって集合的に分析する」ツール——が目指してきたことなのである（Gyobu, Toda, Uemura, &, Kudo, 2009）。

（刑部　育子）

4章

創造的探求のためのビデオ・ツール

――デキゴトビデオの開発をとおして

1 創造的探求のためのビデオ分析

同一空間上にある複数の文脈

映像を使って授業を見なおすとき、筆者（苅宿）が最初に思いだすのは、岩波書店の『シリーズ「授業」』（稲垣ほか、一九九一〜）である。一九九〇年、教室にビデオを持ちこみ、子どもたちと教える教員の様子を二台のカメラで撮り、その授業映像を付録につけた書籍シリーズである。多くの専門家が実践を見ながら、授業改善について、それぞれ感じたことを述べあったこの本は、授業を技術的な熟達の対象としてみるだけでなく、教えること学ぶこと、その難しさと際どさがクリティカルに表現されており、同じ授業を見ながらもその受けとる意味の深さの違いに驚いたものである。今回筆者らが製作したビデオ・アプリケーション「デキゴトビデオ」（本章2節で詳説）は、その『シリーズ「授業」』から受けた示唆が基盤となっている。

学校教育を中心に「教え学び」の関係がさまざまな場面で広がっていくなか、教え手中心の授業と学び手中心の授業は対立する概念のように語られてきた。しかし、ひとつの実践の構成要素として、学び手を軸に見る、教え手を軸に見るという二つの軸で授業を見ていったときに、「教え手中心」「学び手中心」の授業は相対するものではなく、両立するものであると受けとめることができる。デキゴトビデオの中核の機能のひとつとして、二つの画面を並置する機能を作成した。同じ時間、二つのビデオで撮った教員と子どもたちは、まるで別の空間にいるようなときもあれば、両方の画面からその一体感を受けとめることができるときもある。

学習メディアとしての映像の可能性

あらためてここで確認したいことは、映像には学習する際のメディアとしての可能性が多く含まれているということである。活動している自分の姿を想像することは、そのただなかでは難しく、終わったあと振り返るときにはじめてその自分と対面していく。そこに映像があることで、（同じ自分なのだが）知らなかった自分に出会うような気持ちでその自分と会うことができる。ここに映像の学習メディアとしての可能性がある。

以下ではその事例として、「映像に映る自分の姿に夢中になる学生」と「恥ずかしがる学校の先生」という二つの出来事を紹介していく。

（1）自分の姿に夢中になる学生

自己を映しだす鏡として映像がもつ機能――この機能こそ私たちがもっと注目すべきだと思う場面にいくつか出会った。そのひとつが、筆者が大学で担当する授業のグループワークで、討議している自分の姿を学生に見せたときである。学生の反応はとても大きかった。私の授業では、八〇センチ四方の正方形の机と椅子に、そこに四人が座って「対話をする場面」と「議論をする場面」が毎時間展開されている。囲む机が少し小さめなのは、パーソナルスペースを考慮しつつ対話が促進されるような距離をデザインしているからである。グループワークのメンバー構成も、「等質性の高いグループ」「異質性の高いグループ」など、意図をもち内容に合わせ、対話や議論が促進されるデザインを取りこんでいる。

議論の内容的なもりあがりをデザインするなかで、ひとつ授業者として疑問に思ったことがあった。それは、「人の話を聞く」あるいは「人に話をする」ときの学生の、それぞれの居住まいやふるまいであった。あたりまえだが、みな自分なりの自由な話しかた、聴きかたをしていた。そのなかで話しづらそうにしているある学生の姿が目に止まった。そばで話を聞くと、話を聞いている他の三人について、みな真剣に聞いていることはわかるけれども、その態度が少し自由すぎるように思えたとのことである。そこで、自分がどんな表情や態度、居住まいで話したり聞いたりするのかを当の本人に見せてみようということになり、それに御誂え向きのツールを導入した。議論している姿を撮影するために作られた「ミーティングレコーダー」である。

この機械は四つのカメラを搭載した会議用のレコーダーで、四方向同時に撮影ができる。再生画面は四分割されているため、そこに映っている四人の姿を同時に動画再生して見ることができる。その機械自体にも小さな液晶画面がついているが、四人で覗きこめるような大きさではないため、ノート型パソコンやタブレットPCにデータを読みこんでその様子を見せてみた。

はじめ、試験的な意味も含めて、学生に三分間自由に話をさせ、その後、話している様子を再生してみせた。三分間話をさせるまえに、その機械の特性やそれを使う意図について若干説明したが、すでに四人の関係性ができあがっているグループでは、学生から嫌がる声も恥ずかしがるような意見も出なかった。三分経って再生がはじまると、教室の雰囲気は変わり、歓声をあげる学生も出てくるほど、みなその画面に夢中になっていた。その回の授業のリアクションペーパーには、「自分の、人の話を聞いているときの表情をはじめて見た」「授業の映像を見て、自分の発言の少なさ、無表情さに驚きつつ、悲しくなった」などの感想があった。

頻繁ではなくても、たとえば自分がプレゼンテーションをしている動画をあとで見ることはある。

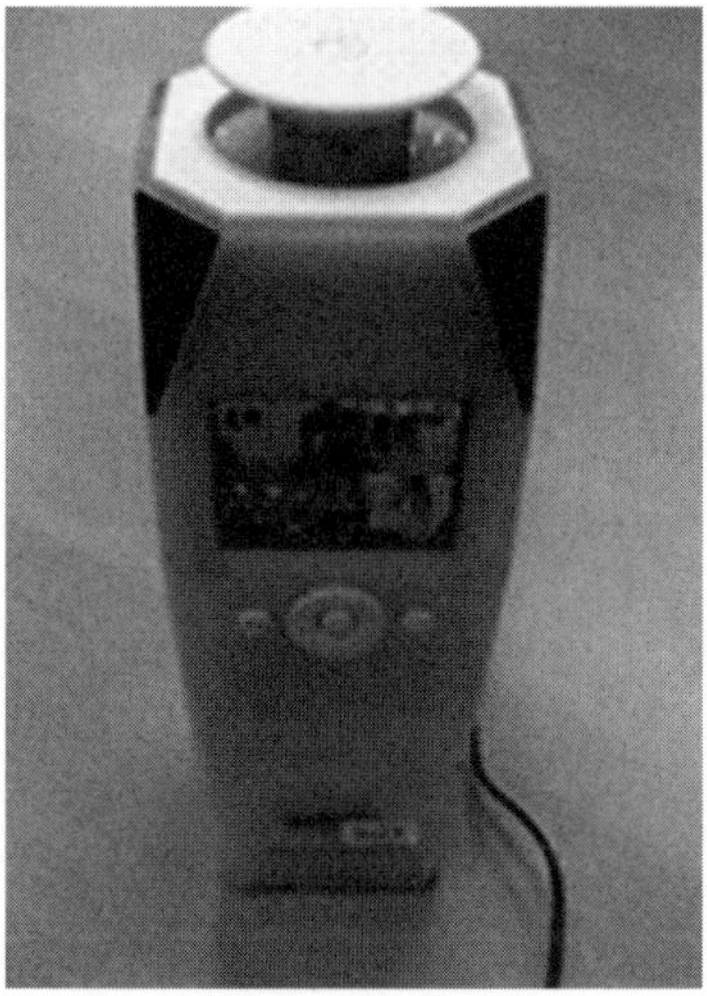

図4・1
ミーティングレコーダー
4つのカメラで撮影した映像を同時再生できる.

また、ふだんから動画を撮ることが多い世代でもあるので、遊んでいる自分の姿も見ることはある。しかし、四人で座って対話したり議論したりする姿や、撮影されていることをあまり意識していない無意識な姿を見ることは、珍しかったのであろう。

そこには大きな成果があった。映像を見たあと、学生は「わかりやすい自分」を意識するようになったのだ。もちろん急にお行儀が良くなるようなことは生まれないが、その自分の表情や態度から何か感じたであろうという雰囲気は、教室のそこここに見受けられた。

(2) 恥ずかしがる先生

筆者は数多くの小学校の教員の授業実践の支援にかかわっている。その際、授業のビデオ映像を利用することがある。支援の内容は、実践で気づいたことを私から教員にアクションリサーチとして提供していき、それぞれの教員とともに授業の見方を一緒に考えていくということが多い。その際、自分の授業映像を見る教員の様子は、とても興味深い。教員とともに授業実践の映像を見るとき、教員ははじめは恥ずかしそうに、見るに絶えないようなものを見るような眼差しで自分の授業している姿を見ることが多い。「最後まで見るのが絶えられない」などの感想を述べることもある。

次の段階では、自分が覚えている、指導がうまくいかなかった場面や、児童の予想外の反応に対応しきれなかった場面などに着目する。そして最後に、自分と子どもの相互関係に着目して映像を見るようになる。

ではなぜ、最初は恥ずかしがってしまうのか。それは自分の授業で無意識にしている居住まいやふるまい、ことばづかいなどについて、ふだんから見なおす習慣がないため、自分が考えていたことと現実のあいだに大きな隔たりを感じるからである。映像を見ることによって、自分が無意識に行っていたことが意識化される。そして、映像による無意識の意識化によるこの気づきは、どんな偉い先生が指摘するよりも大きなインパクトをもって受け止められるようである。その次に、失敗したことへの着目がくる。たとえば、自分が予定していたことができなかったことや対応がうまくいかなかったこと、授業時間に終わりが迫ってくると思わず早口になっていたこと、などに着目して見る。それを経て、やっと子どもが見えてきて、個々の子どもに同じように対応していたはずの自分が、実はそうではなかったり、発言していない子どもたちの様子に着目できていない自分に気がついたりすることが生まれてくる。

教員は、その授業がもっているよさについては、なかなか気づこうとしないことがわかる。同じ場面を何度も見ていくなかで、ようやく視点が変わっていくのである。視点の変化を起こすためには、時間をおいたり繰りかえして見たりすることが必要であり、映像による振り返りはそれを実現してくれるのである。

このように自分を客観視するとき、映像がリアルにそれを実現してくれている。これは私たちにとってあたりまえのことだが、あらためてこのしくみに注目していくと、これを使って学習というものを豊かなものにするために、そのツールを開発してみたいという気持ちになっていった。そこで開発したのが、次に紹介するデキゴトビデオである。

2 デキゴトビデオによる創造的探求

学習する際のメディアとして映像が大きな可能性をもっているということを基盤に、デキゴトビデオを開発することになったのだが、このときに最も注意したのは「複雑にしない」ということであった。自分に出会っていくことのインパクトこそが重要なので、自分の知らなかった自分に出会うような感覚を維持していくためには、まず映像を直接的に見ることと、気になったことを切り取ること、この二つを何よりも大切なこととして考え、設計の基盤とした。

「デキゴトビデオ」とは

デキゴトビデオは、動画撮影に加え、さまざまな再生機能をつけたリフレクション用のビデオ・アプリケーションであり、リフレクションを超え、「改善」へ向けての創造的探求を可能とする。たとえば、子どもと教員の授業における様子の映像をもとに授業改善の方策をみつけたり、スポーツにおけるフォーム改善のために使ったりするなど、使いかた次第でさまざまな場面で、創造的探求へ向けての利用が可能である。

デキゴトビデオはｉＰａｄ版とＭａｃ版の二種類がある。授業の撮影など、手軽にタブレットを持って撮影をする場合はｉＰａｄ版が、画質の高い映像を扱いたいときはビデオカメラで撮影した動画にＭａｃ版の組みあわせが利用しやすい。

ｉＰａｄ版の主な機能は、「①撮影」「②編集」「③プレゼンテーション」の三つである。[1]

①　撮　影

ｉＰａｄのカメラ機能で実践を撮影する。撮影をしながら、あとで見なおしたい部分にイン

図 4・2

「デキゴトビデオ」撮影画面

映像の撮影，インデックスをつけることができる．

デックス（見出し）をつけることができるため、撮影後に見たいと思う場面をすぐに見つけることができる。

たとえば、あるワークショップにおける参加者の合意形成の場面に着目する場合、参加者が集まって話しあっている場面にインデックスをつけておく。するとワークショップ後にインデックスのある場面をすぐに見つけることができる。

② 編　集

デキゴトビデオでは、クリップボタンを押して必要な部分の動画を自由にカットし、ビデオクリップを作成することができる。たとえば、ワークショップにおける話しあいの場面にインデックスをつけるとする。インデックスをつけた場面は、タイムラインに青い印がつく。青い印をもとに、話しあいの場面を全体の動画（オリジナル動画）からカットし、出来事（デキゴト動画）を抜きだす。話しあいの場面のデキゴト動画を集めることで、ワークショップにおける特定のグループの話しあいのプロセスを並べて見ることなどが可能になる。

さらに、グルーピングして二つの動画を並置し、見くらべたり、編集したりすることができる。

図4・3
「デキゴトビデオ」編集画面
映像の切り取りができる.

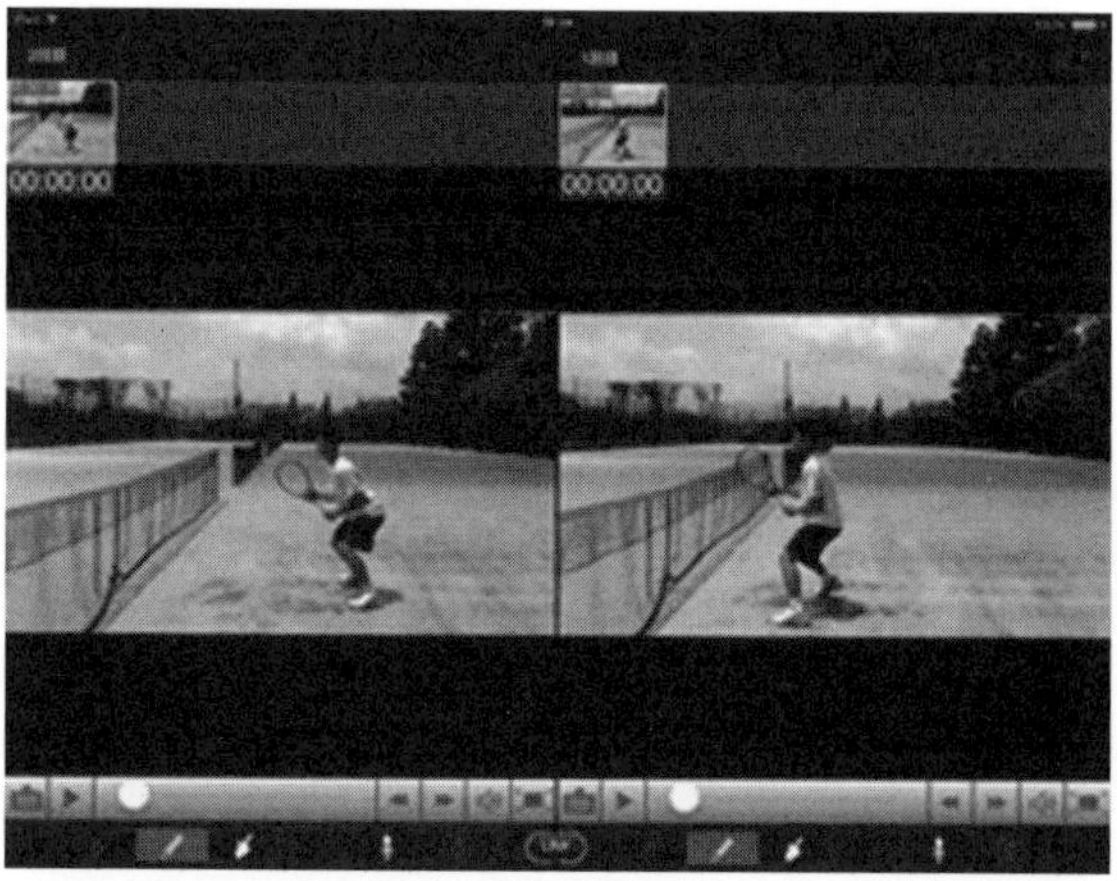

図4・4
「デキゴトビデオ」編集画面
切り取った映像を並列して比較することができる.

図 4・5

「デキゴトビデオ」プレゼンテーション画面

映像にキャプションを追加してプレゼンができる.

め、ポイントを目立たせながらプレゼンすることができる。

③　プレゼンテーション（マーキング等）

キャプション機能によって、動画に、文字、音声、矢印などをあとから入力することができるため、ポイントを目立たせながらプレゼンすることができる。

Ｍａｃ版「デキゴトビデオ」

ｉＰａｄでのデキゴトビデオの利用が進むにつれて、いくつかの課題が出てきた。ひとつは、あるワークショップのなかでの出来事の切り取りはできるが、複数のワークショップを比較するということができないということである。また、記録媒体の容量などハードウェアの環境条件のため、映像を撮る時間などに制約がある。この二つがｉＰａｄ版の限界を私に示した。これを解決するためにデキゴトビデオのＭａｃ版を開発することにした。

Ｍａｃ版はパソコン上で動くものなので、当然マルチタスク（複数の画面を並列して開いたり作業したりすること）が可能であり、三つ以上の複数の動画を比較することもでき、メモリもｉＰａｄより豊かな環境で操作することができる。パソコンであれば、もっと複雑な機能も搭載することが可能ではあるが、そのことがｉＰａｄで培ったシンプルな切り口をもって豊かな研究を築きあげていくというコンセプトに合わないために、複雑な機能はのせなかった。ここで重要なのはアプリ

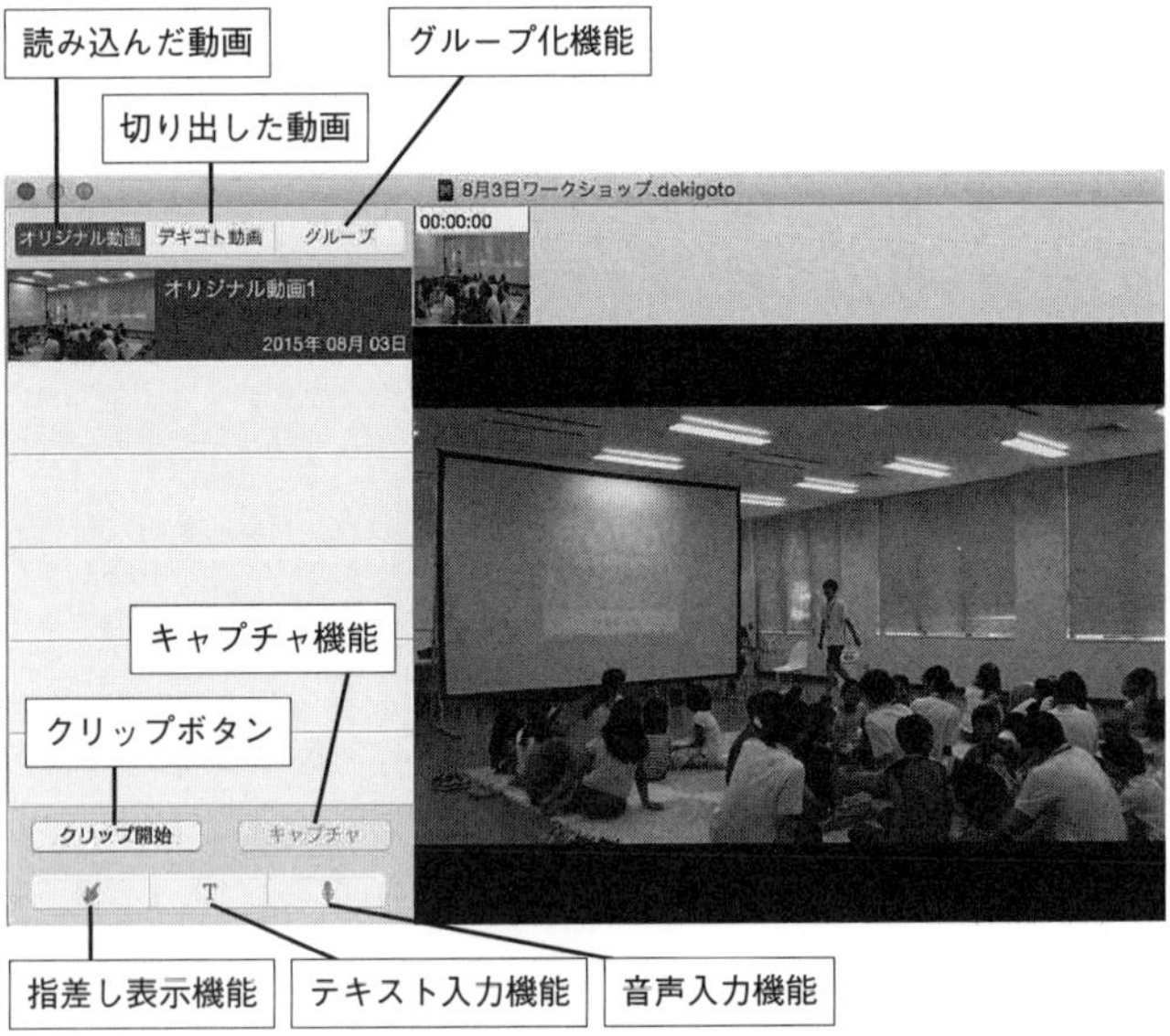

図 4・6

Mac 版「デキゴトビデオ」編集画面

映像の切り取り，キャプションの追加などができる．

やソフトで研究が完結するわけではなく、あくまでもこれは、資料であり、研究という活動を行うための素材という意識が非常に必要になってくる。

先にふれたようにMac版のデキゴトビデオはマルチタスクが可能なため、複数の実践の映像を並べて比較することなどができるようになる。Mac版は、撮影機能がついておらず、iPadやビデオカメラなどで撮影した動画を取りこみ、そこに①編集、②プレゼンテーションの二つの作業をする機能に特化させている。[2]

実践研究は次々と多くの要求を、アプリやソフトに突きつけてくる。iPad版にしろ、Mac版にしろ、処理するスピードや扱える長さをより拡大させることが求められつづけていく。ハードの制約をふまえながら可能なかぎりバージョン・アップを重ねていきたいと考えている。

（苅宿　俊文）

注

［1］ iPad版デキゴトビデオの機能は以下のとおり。対応機種：iPad（iOS 6）以降。①動画を撮影する（インデックスをつけることができる）、②動画を好きな長さにカットする、③キャプ

ション機能で文字や矢印を表示してプレゼンテーションする。

［2］ Ｍａｃ版デキゴトビデオの機能は以下のとおり。対応機種：Ｍａｃｂｏｏｋ（iOS X Mavericks）以降。①動画を読みこむ、②動画を好きな長さにカットする、③読みこんだ動画にキャプション機能で文字や矢印を表示してプレゼンテーションする。その他には、④動画の書き出し、⑤動画のループ化機能、⑥動画への音声入力機能がある。

5章

実践の見えかたの発達と広がり

本章では、ビデオ研究をとおして見えてきた実践の見えかたと発達の広がりを、具体的な実践事例をとおして考える。

1　CAVSceneの活用から見えてきたこと

実践中の瞬間的気づきの登録

3章で、CAVSceneを開発することによって、観察中の気づきを記録のうえに可視化して登録することが可能になったことについて述べた。この観察中の気づきの登録について、実践者を含む数人のCAVScene（二〇一〇年版）の利用者の特徴から、実践を見るとはどのようなことなのかを考えることができた。分析から明らかになった興味深い事実は、「ベテランの観察者（研究者歴二〇年以上）」より「ベテランの実践者（実践歴二〇年以上）」のほうが、はるかに多く実践を見ながら瞬時に「意味」を読み取ってノートしていたということだ。

図5・1を見てほしい。これは、保育のベテランの実践者がCAVSceneを使って、観察に徹したときの記録画面の典型的な一例である。一時間あたりの記録のサムネイル数を比較して調べてみると、「ベテランの実践者」（表5・1E③参照）は「ベテラン観察者」（表5・1D③参照）の一・五倍もサムネイル数があった。

サムネイルへの登録は、観察中「重要な場面」として瞬時に登録した行為を示している（表5・1③）。そのうえ、実践者の記録にはサムネイル一つひとつに多くの言語による付箋メモが書かれている（図5・1および表5・1E⑨）。さらに詳しくデータを調べ、図5・3のように可視化してみると、ベテラン実践者の記録のサムネイルのほとんどが動画であり、静止画はその動画のなかに入っている。その一つひとつの動画の合間はほとんどなく、観察中の多くの場面が重要な場面として登録されつづけているのである。このことはすなわち、実践を見ながら、意味のまとまりとして一連の動きをとらえており、さらにそのなかでも瞬間的な重要な場面に出会うと、入れ子のようにしてその瞬間を登録し、見ている最中のことばでもその気づきを登録していたことを示している。

一方、図5・2は「ベテラン観察者（研究者）」の典型的画面を示している。「ベテラン観察者（研究者）」の登録したサムネイル数は、「ベテランの実践者」より少なく、ほとんど言語的なメモが残されていない。色別の印などで気づきは可視化されているが、それが何を意味しているのかは

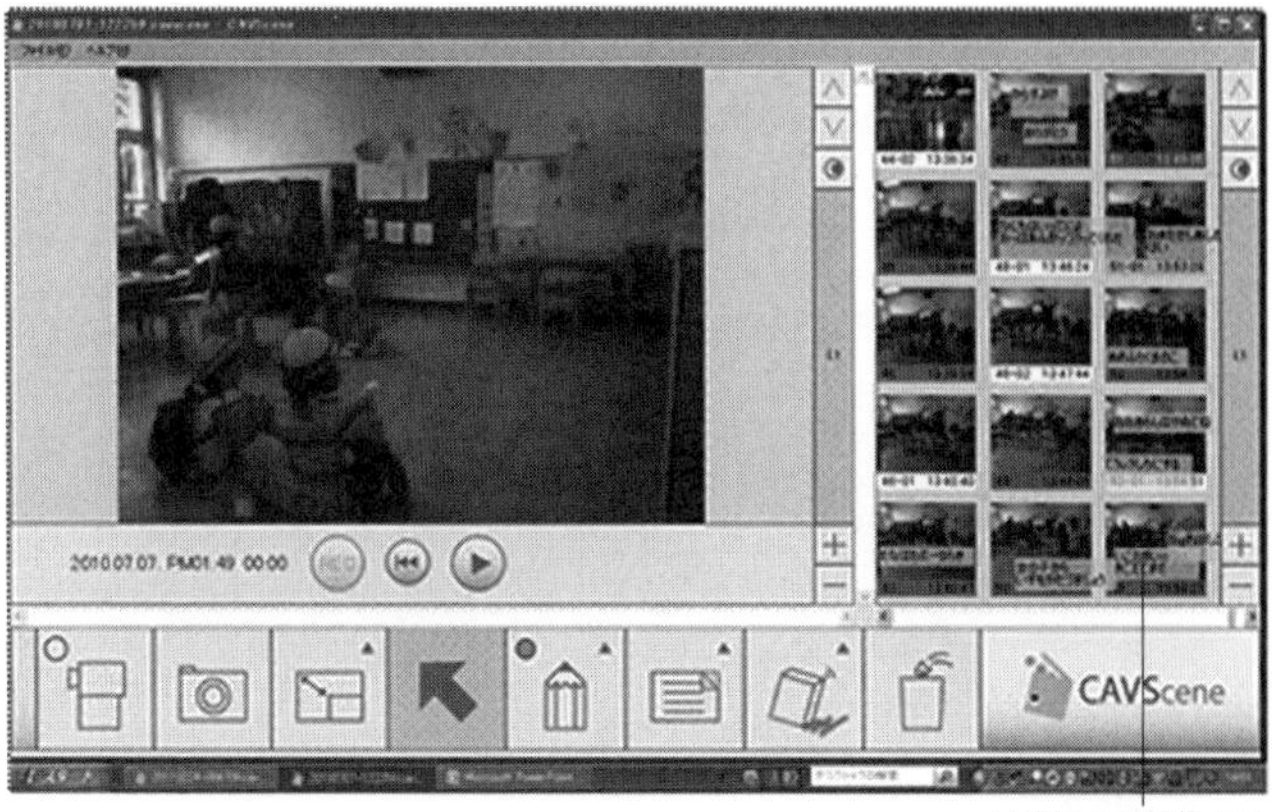

図5・1
ベテラン実践者（E）によるビデオ記録の典型的画面
（旧 CAVScene 2010 版）

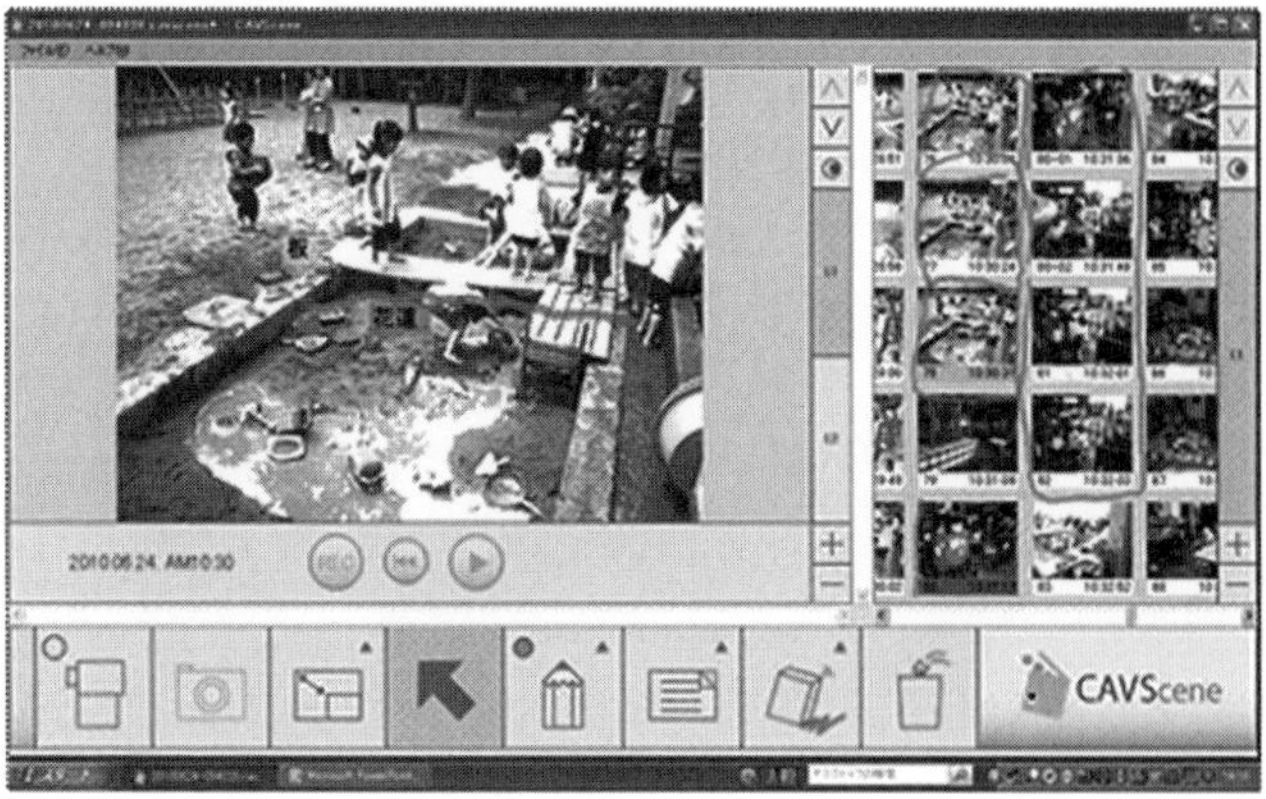

図5・2
ベテラン研究者（D）によるビデオ記録の典型的画面
（旧 CAVScene 2010 版）

CAVScene 利用		D ベテラン観察者が観察している時	E ベテラン実践者が観察している時
①	平均観察時間	1h58	1h34
②	データ容量(MB)	60	101
③	サムネイル枚数	84	126
④	動画枚数	15	35
⑤	静止画枚数	69	91
⑥	動画書込枚数	1	0
⑦	静止画書込枚数	5	0
⑧	サムネイル書込マーク	多	多
⑨	サムネイル書込付箋タイトルなど	無	27

表 5・1

CAVScene による 1 時間あたりの観察記録データの比較

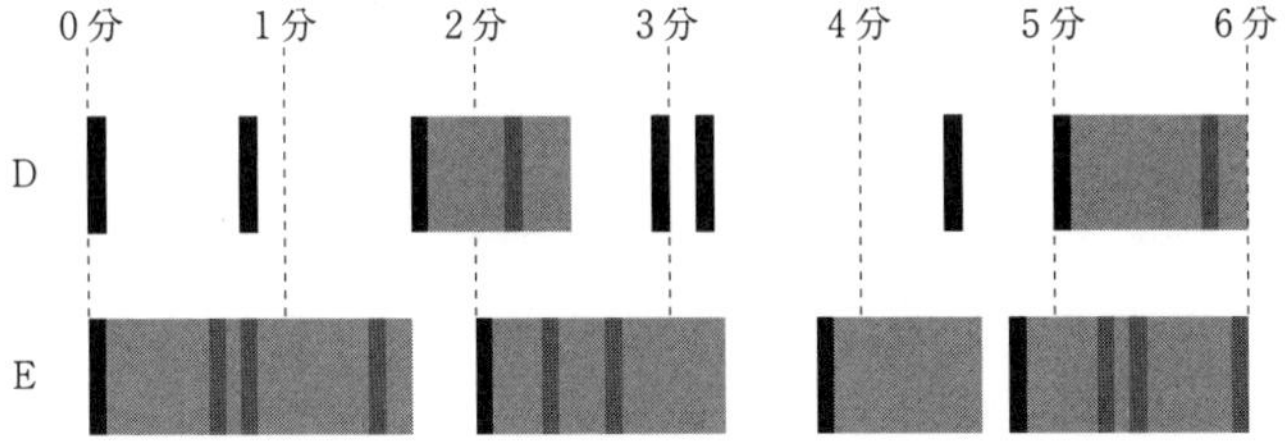

図5・3

観察中の実践者（E）と研究者（D）の記録行為の比較

・黒と濃いグレーは，表5・1③のサムネイル数
・グレーの帯は動画撮影時間
・濃いグレーの棒は，動画中に切り出した静止画（サムネイル化される）

言語化されていない。このことは、観察者として実践を見ていても、ふっと何か感じている程度で、言語的な意味のまとまりとして登録するまでに至っていないことを示している。さらに、図5・3のように記録のしかたを可視化してみると、静止画と動画が同じくらいあり、入りまじり、それも動画のなかに入っている静止画ではなく、ランダムに登録されている。すなわち、大きなまとまりのなかにある実践の意味の気づきが登録されておらず、ふと気がついたところを、とりあえず登録しておくといった行為にすぎない。この気づきの登録は、ビデオ・カンファレンスのときに役立つかもしれないが、ほとんど役に立たないかもしれないほどのかすかな気づきの登録である。これを重要になるかもしれない「予感登録」とここでは呼ぶ。

研究者の観察中の気づきはビデオ・カンファレンスで役に立たない?

観察のデータから、実践者のほうが研究者よりもはるかに実践の意味を実践中から読み取っているという事実が明らかになり、筆者のような実践経験をもたない研究者の記録は、ビデオ・カンファレンスでは何の役にも立たないのだろうか……、と考えさせられた。しかし、実際にビデオ・カンファレンスをしてみると、実践者は「そんなことないですよ。おもしろいですよ」と言ってくれもする。

その理由のひとつは、実践者があたりまえに思っている日常の実践のある側面に、筆者のような外から来た研究者が素朴な疑問を呈示することも、実践者にとってはあらためて実践を見なおすのに役立つとのことだった。例としては、「ここ（都内の公立幼稚園）は外国人の子どもがとても多いようですけれど、そういう地域なんですか？」という研究者の素朴な質問に対し、実践者は「ここは大使館が近くにあるんですね。小学校以上は大使館のなかに学校があるのですが、幼稚園はないんです。それと、いまはインターナショナル・スクールがちょうど夏休みの時期で、その時期を利用して、日本の文化に触れるために、一時的に来るお子さんでたくさんなんですね」という特別な事情があることを教えてくれる。このような質問は、ただ外部の研究者に実践者が教えてくれるということだけではなく、実践者自身にとってもいままであたりまえだと思って過ごしていた保育に対し、ここの幼稚園の役割や特別な時期の大変さをあらためて見なおすきっかけを促すことになり、実践の置かれている文脈に敏感になるということがある。また、そのことをきっかけに、実践者と研究者が心理的に近づくきっかけになる。

もうひとつの理由は、CAVScene という新しい道具によって、かすかな気づきであっても、場面が可視化され登録されているため、話題となっている場面、事実をすぐに参照することができることから、どんな人でもその事実をすぐに共有できるよさがある。場面が参照できるようになると、いろいろな経験、視点から、意見や関連する情報を言いやすくなるという効果である。すなわち、先に述べた実践中のリフレクションとなる「予感登録」は、ビデオ・カンファレンスの「リフレクション・イン・アクション」を活性化させるのである。

2 異なる場面を結びつけて新しい意味が発見される

ビデオ・ツールCAVSceneによって映像がいつでも簡単に見なおせるようになってから、筆者と幼稚園のK先生は保育のおもしろい場面を発見し、しばしば一緒に見て話すことがあった。おもしろい話とは、K先生自身が「これは！」と思う発見があった場面である。このような実践の発見を共有することによって、K先生自身も元気になっていくように筆者には見えた。そんなある日、K先生からのお誘いがありCAVSceneのビデオを見ながらお話しすることになった。K先生が外部の幼稚園に観察者として入り、そこでビデオ記録をしていたときの事例である。

ゴミ拾いは幸せの種拾いだった！――五歳児

ある幼稚園の遊びの片づけのときのことである。子どもたちは担任の先生と一緒にゴミを拾っている。ところが、この片づけ場面を観察していたベテラン教師のK先生は、男児たちの口ずさみながら楽しそうにゴミを拾っている姿を見逃すことはなかった。ふつうであれば、いやいやながら片づける場面で、嬉々としてゴミを拾っている。これはどういうことなのだろうかと気になったと言う。男児たちの声をよく聴いていると、「シ・アワセ！シ・アワセ!!……」と口ずさんでいる。その鼻歌のようなルンルンとした様子は、お帰りの時間にまでつづいていた。K先生は言った。「最初はどうしてゴミ拾いなのに、楽しそうにしているのか不思議だったのよ。それに、『シ・アワセ！……』とか言ってね。みんなでゴミを拾っているのよ。でもね……教師は片づけのゴミ拾いだと思っているでしょ。で

も子どもたちにとっては幸せの種拾いだったのよ！」。

K先生はあそびの場面の短い映像を見せながら四つの場面を見て筆者にお話してくださった。最初に見せてくださった一つ目の場面は、片づけの時間に年長組の男児たちが楽しそうにゴミを拾っている片づけの場面（図5・4、サムネイル13）。二つ目は、片づけの後のお帰りの時間のこの男児たちの楽しげな場面。三つ目には、それ以前に、お相撲遊びがもりあがりに欠けて男児たちが寝転がっている場面。四つ目に、あるとき船遊びの動きが女児たちの間で起きたときに、この三人の男児が引き寄せられるように、お相撲遊びから海賊船遊びをイメージさせる船遊びのほうへ同調するかのように身体を動かした場面である（図5・4、サムネイル4）。この四つの場面のうち、一つ目と二つ目に見せてもらった場面は、時系列的にはこの日の最後のほうの場面で、男児たちが片づけから帰りの会まで機嫌よく鼻歌を口ずさみ、楽しい気持ちでいた流れもわかる。また、三つ目と四つ目に見せて下った場面は、時系的には最初のほうの場面で、すもう遊びが盛り上がりに欠けていた男児たちが、隣で遊んでいた女児たちの船遊びの変化に興味を示し、引き寄せられ、三人が同調するように動いた流れはわかる。しかし、最初に見せていただいた二つの場面と、その後見せていただいたもう二つの場面がつながる話になることは、筆者には場面を見ただけでは想像もつかなかった。ところが、K先生はそこに何が起きつつあるのかを糸通しをするように関連づけて、

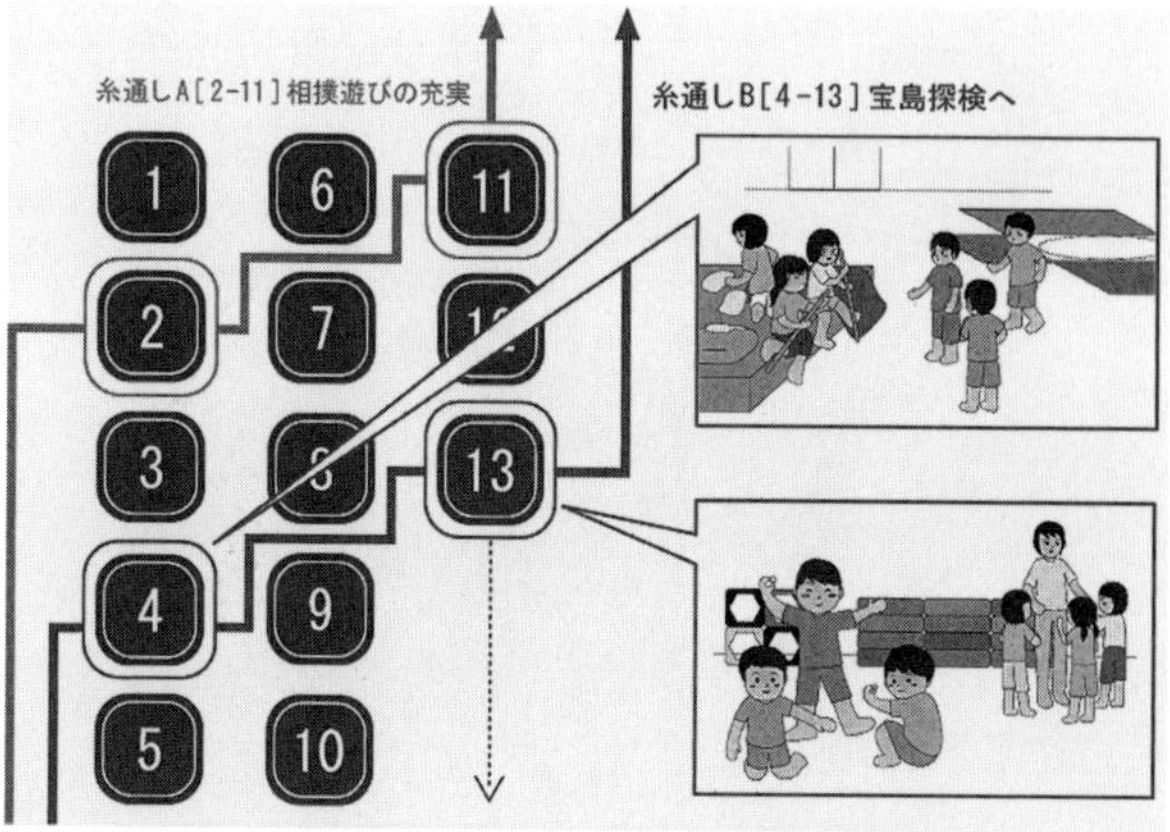

図5・4
別の「糸通し（スレッディング threading）」によって新たに創発されるエピソード

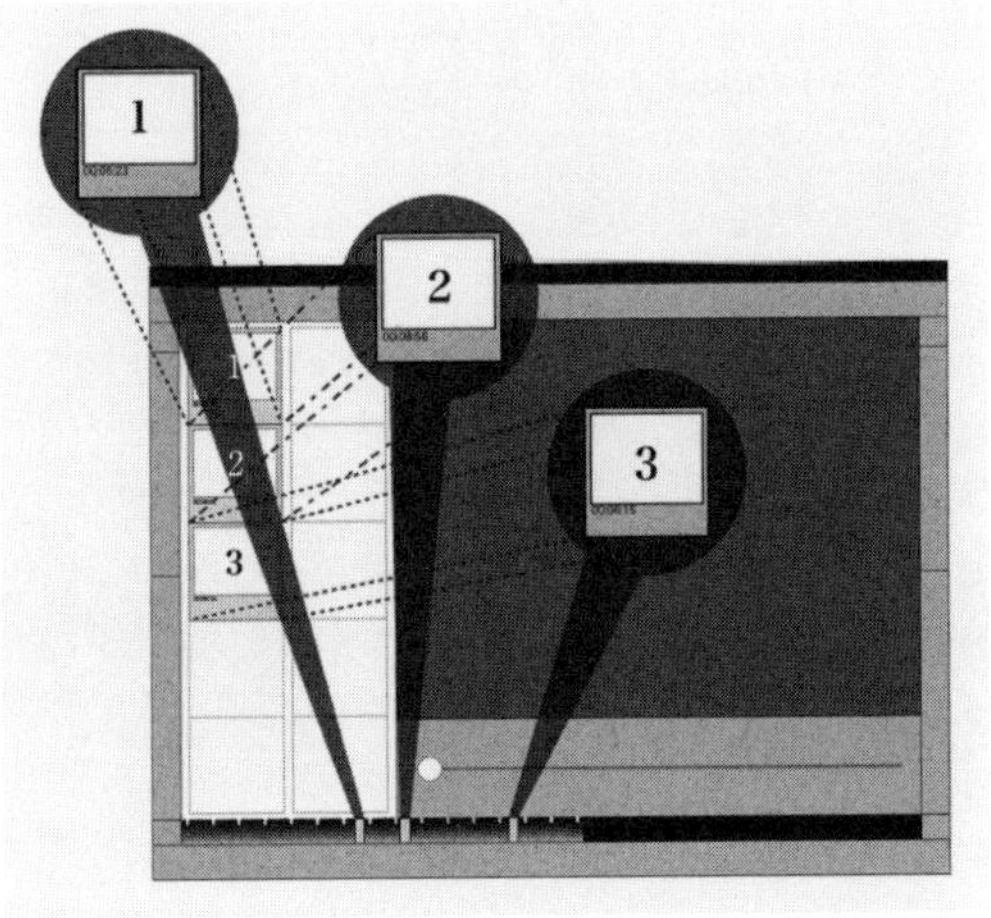

図 5・5

CAVScene 構造図

(注) サムネイルの順番は時間軸で縦に並んでいく.

「すもう遊びの充実を目指す保育の物語」とは別の可能性のある物語へと創造するのであった。

物語が紡ぎだされる

この場面の映像を見ながらK先生の話を聞いた筆者は、日常の何気ないお片づけの場面のなかに、次の遊びの発展につながるかもしれないすてきな出来事が起きていることに気がついた保育者のその目に感服した。その場面を見なおしただけでは、筆者には担任の保育者と同じように、片づけのゴミ拾い場面としてしか見えずに他の物語が創造されるとはまるで気がつかなかったし、K先生が映像を流しながら「ほら、ほら！、ここよ」と筆者にその映像の場面で指差して示してくれても、子どもの楽しげな声が何を意味しているのはすぐにはわからなかったからだ。このような日常のひとコマのなかに、すてきな出来事が起きつつあることに気がつく人と気がつかないままの人とでは、その後の実践が違ってきても当然である。この場面を「ゴミ拾い」としてしか見なかったとしたら、この片づけ場面はきれいに気持ちよく片づけましたということ以上には発展しないであろうし、K先生のように子どものなかに「幸せの種を拾う」という物語を教師が察知できたならば、この物語はさらに発展する遊びにつなぐことができる可能性が開かれるかもしれないのである。実際、この歌を口ずさんでいた男児たちは、この日相撲遊びをしていたが、担任保育者がいろいろ援助をしてみても、その遊びは停滞した感じで、何か新たな展開を求めているようだった。こうした些細な出来事のなかに次の子どもの遊びの発展の可能性を見る教師の目は、どのように紡ぎだされていくのだろうか。

別の可能性を創造する

筆者はこのような出来事に気がついたK先生が、この場面でこの子どもたちとかかわるとしたら、どのような声を子どもたちにかけるだろうかと気になって尋ねた。「先生だったら、このときどうしますか？　どんなふうにかかわっていきますか」。K先生は次のように答えた。「幸せの種って何?、ってまず子どもたちに聞いてみる。それからたくさん集めたらどうなるの?、って聞いてみる。……幸せの種を拾ったら、これから何かすてきなことが起こるってことだからルンルンしているわけでしょう。だから次に子どもたちが何をするんだろうって思うじゃない?!　幸せの種をたくさん拾うと船に乗って宝島に行けるとか……（船に引き寄せられた男児たちの場面をつなぎあわせ、このようなことを物語として創造する）、だったら私も拾いに行きたいとか言うでしょうね」。K先生自身がある小さな日常の保育の場面のなかに、すてきな出来事を発見しワクワクしている。「ねえ、何か楽しいことが起こりそうでしょう！　ねえ、これっておもしろいでしょう！」とK先生。

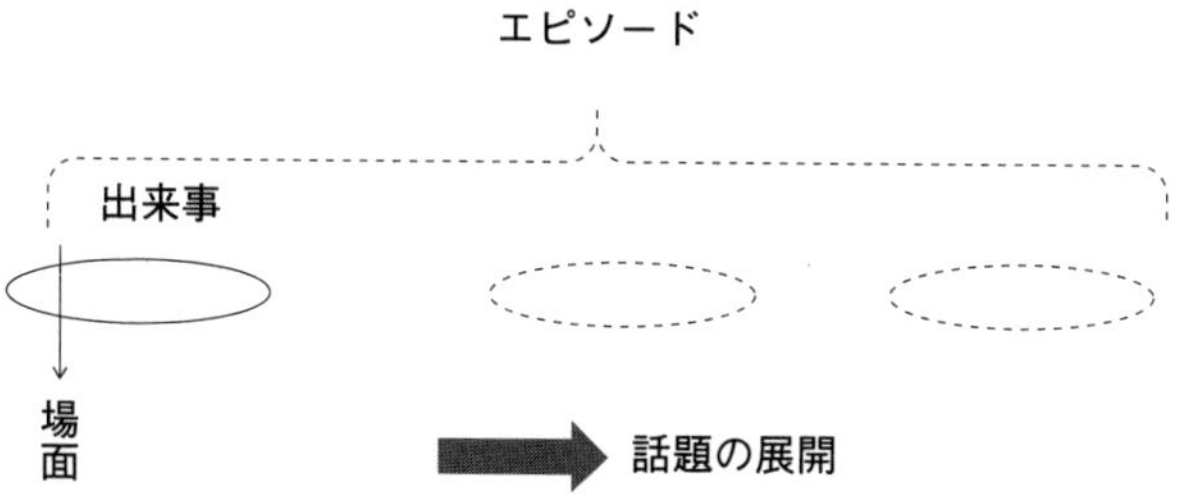

図5・6
「エピソードが見えてくる」過程（佐伯，2010）

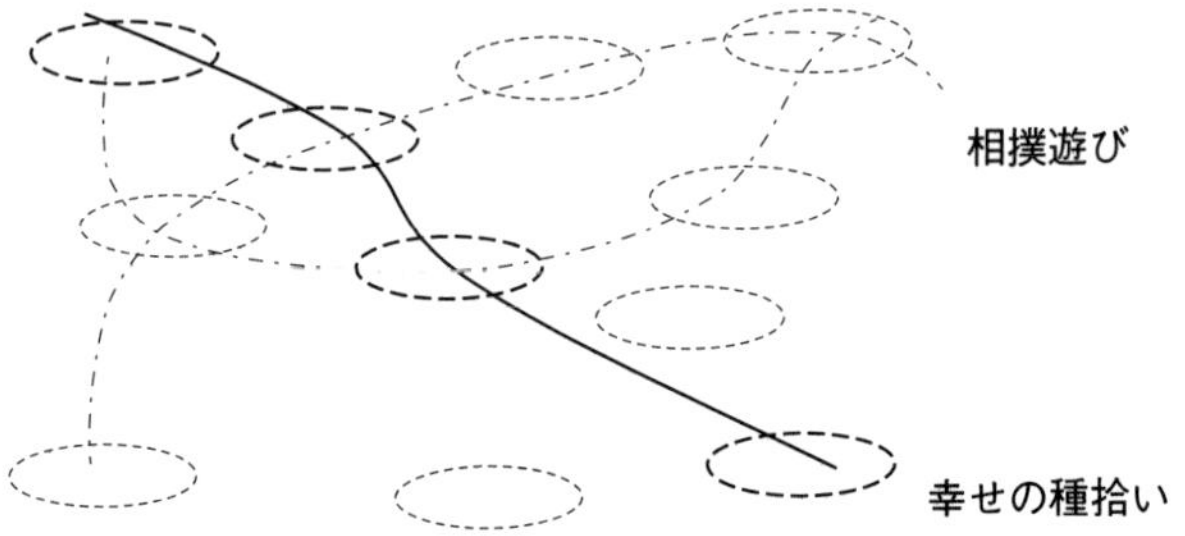

図5・7
出来事の拾いかたで「エピソード」は変わる（佐伯，2010）

保育者が幼児の日常にある行為を意味のあることとして発見することと、それがどのように発展していく可能性があるかを考えていくこと、この二つが未来の実践を創りだしていくのである。

3　逆進向進探索[1]による意味の深化

以下の事例は、筆者がある幼稚園（二年保育）の四歳児クラスの保育参観をさせていただいたときの話である。この日の参観で、もっとも筆者の印象に残ったのは「フルーツバスケット」というゲームをはじめるに至るまでの子どもと教師とのやりとりであった。この実践の新しい意味の発見にビデオ・ツール CAVScene のアーカイブのしくみ（記録データ履歴の保存方法）がどのように貢献したのかを、ここでは事例をとおして明らかにしたい。

フルーツバスケットがなかなかはじめられない（四歳児クラス　六月）

学級全体で集まり、フルーツバスケット[2]をしようと椅子を並べはじめる。ところが、しばらくするとM子が泣きはじめる。M子は、K男・R子・G子と一緒に座りたいので隣に座ろうとするH子にどいてほしいと言って泣き、次第に意固地になっていく。まわりの子どもたちはどうしたものかと気を揉んでいる。

フルーツバスケットがはじまってもいないのだから、誰の隣にいようとこのゲームには関係のないはずなのだが、実は昨日も、M子はR子と一緒に座りたかったのに叶わず、収拾がつかずに結局一度もゲームができないままお弁当の時間となってしまった。今日は、椅子を持って隣にやってきたH子を椅子ごと押しながら「やーだ」と泣いている。

M子「H子ちゃんやーだ」（泣いている）
H子「教えてあげたの」
教師「H子ちゃん、何を教えてくれたの？」
H子「K男くんあっちなの。K男くんはあっちだよって教えてあげたの（K男は別の椅子に座っていたため、H子がそちらに移動すればいいのではないかと提案している）」
M子「（叫ぶように泣きながら）K男くんと……（自分が移動をするのではなく、隣に来てほしい）」
教師「え？　今日はK男くんじゃなくて、R子ちゃんとなんでしょ（昨日隣に座れなかったR子ちゃんと座りたいのではないかと教師は思っている）」
M子「K男くんとR子ちゃんとG子ちゃんなの。H子ちゃんって決めてない（H子ちゃんと一緒に座ろうと思っていたわけではない）」
教師「あ、でもね、（H子ちゃんがK男くんはあっちに座っているよと）教えてくれているの。ありがとう、H子ちゃん」
M子「H子ちゃんやーだ！（どいて！）」
教師「H子ちゃんは、もしよかったら、こっちにっていうのはどう？（M子の隣の席を空けるため、H子には離れた席を提案する）」
H子「やーだ。だってあそこメロンチームなんだもん（本来はチーム関係なくばらばらに座った形でゲームがはじまるのだが、子ども同士の暗黙の了解で、チームごとに座ったところからゲームをはじめたい様子。桃チームのH子はメロンチームの席へ行きたくない）」

このような会話がしばらくつづく。そのうち、H子が「M子ちゃんなんか大っ嫌い」とあきらめた様子で椅子を移動してくれるが、それでもM子は気が晴れない。

（中略）

しばらくすると、図5・8に見るようにA男が教師とM子が話しているところにやってくる。先生の肩をたたき、

A男「先生、M子ちゃんはどうしたいの？」

教師「ええとね、M子ちゃんは昨日と同じようにしてK男くんの近くに座りたいって……」

「M子ちゃん、A男くんがどうしたいのって聞いているよ。」

A男「K男だけなの？」

図5・8

フルーツバスケットがはじまるまでの話しあい

（注）A男が教師に「M子ちゃんはどうしたいの？」と聞いている場面．他の子どもたちもその様子を見ている．

教師「うん。そうらしいの。K男だけって」
R子「K男くんがこっちに座ってるから、M子ちゃんがこっちに行けばいいんだよ」（①M子・②空き・③K男の順で座っていたところ、②空き椅子を指している）
A男（イタリアから来た子ども）「If she go here?」M子の肩をたたき、②の椅子をジェスチャーで示す。
教師「あー、そうそうそうそう」
M子「だってH子ちゃんね、やる途中にね、……H子ちゃん、変わって動いてくるもんここに」
教師「え、動いてくる？　だけど、そういうゲームだもん。動くゲームだもん」
A男「If this girl want not she come here, and want people.....come, and she don't like.....I'll.....be here」
教師「何かね、A男くんが、もしここがK男くん（③）とM子ちゃん（②）で、ここ（①）に誰か他の子が来るのがいやだったら、A男くんが来てあげようか？だって。僕ならどう？って。そうよ、（A男は）いつもいろいろ考えるからね」
R子「うち（私）がいいんだよね、M子ちゃん」

M子（少し落ち着いた口調で）「R子ちゃんと座りたいの」

教師「え、R子ちゃんと?」

A男「So, Mko-chan go here and......」（M子が②に座って、①にR子が座ったらどうかとジェスチャーしている?）

教師「あー、そうそうそう、そうよ、だから、M子ちゃんこっち（②）でR子ちゃんこっち（①）はどう?、っていうことよ」

ところが誰に言われても、M子は自分の椅子を立ち上がろうとしない。

（中略）

教師「なかなか難しいねえ。A男くんもこんなに考えてくれているのに。どうしたらいいかなあ……」

（中略）

いろいろ考えてどうしたらフルーツバスケットができるかを提案していた子どもたちも、長い時間、やりとりしても解決されないことに少し待ちくたびれて疲れてきている。

一方で、こんどはL男がO子と一緒がいいのに一緒に座れないと言って、遠くのほうで泣きはじめる。教師は立ち上がってL男のそばへ行き話を聞くが、L男は泣き止まない。教師は、子どもたちが見渡せる床に座って、子どもたちをそばに集める。

教師「あ、じゃあね、ちょっとみんな来て来て。そこの宝を探してる人（フルーツバスケットがなかなかはじまらないので遊びはじめてしまった）も来て。今日これからどうするか、先生もどうしたらいいかわからないから相談しよう。M子ちゃんもいらっしゃい。M子ちゃんも来て」（ずっと椅子から離れなかったM子はやっと椅子から立ち上がる）「いい？　L男くんも聞くよ。M子ちゃんも聞くよ。昨日M子ちゃんは泣いちゃって（みんなでフルーツバスケットが）できなかったんだけど、でも先生えらいなと思ったのはね。あんなに泣いちゃったでしょ。それでできなくなっちゃって、でもそのあとね、お弁当の時にA男くんがこぼしたらね、その下をね、ふいたのは誰だった？　M子ちゃんがA男くんのこぼしたのふいたのよ。そしてそのあとね、H子ちゃんの隣だったでしょ。

H子ちゃん先生に言われても片づけないでいたじゃない。そしたら、M子ちゃんが、じゃ私がやっとこうかなってやってくれたんだよね。そのときは、すごくいい考え出たんだよね。ちょっと泣いちゃったけど」

女児「M子ちゃんえらいね」

教師「えらかったなーと思ったのよ。それでね、きっと今日はね（フルーツバスケットが）うまくいくと思ってじゃあ集まってやろうと思ったんだけど。で、ここまできたの、みんながそろって。M子ちゃんいろいろみんな言ってくれてるよ。あなた、K男くんがよかったらその隣もいいいんじゃないのって言ってくれてるの。

……でもね、いまね、ちょっと、できそうな感じがした。いまM子ちゃんの顔見たら。昨日のこと思い出して」

A男「じゃあ先生、girl, boy, girl, boy, girl, boy, girl, boy……」

教師「それはね、A男の考えは、もうさ、女の子とか……、みんな誰がいいとか言ってるから、女の子・男の子・女の子・男の子にしたらどうっていうのはA男の考え」

M子「やだ」

H子「そんなのだめなんだよ」

教師「やだ？　せっかくの考えだけど。でも、ちょっと待ってて。M子ちゃんにもう一度聞きます。どうですか？　なにかさっき言われたように、K男くんの隣M子ちゃん、その次R子ちゃんでできますか。やっぱり無理？」

M子（突然、別で起こっていたL男の件の解決法を話しはじめる）「L男くんがH子ちゃんの隣にしたらいいの。O子ちゃんとH子ちゃんの隣にさ、（M子は考えながら口に出すので、言っていることが変わりながら……）L男くんがO子ちゃんの隣にするの」

教師「ちょっと待って、聞いて聞いて。何、何？　もう一度言って」

M子「H子ちゃんがね、H子ちゃんの隣にO子ちゃんが来て、L男くんとO子ちゃんの隣に来たらどう？」

教師「あ、もうね、ちょっといま自分のことはいいから、L男くんの考えなんだって。じゃあちょっとそれにする？　でも先生はM子ちゃんのことちょっと決めてほしいけどL男くん先に決めようか、いい？」

「で、もしかしたらL男くん決まったらM子ちゃんも決まるかもしれないから。いい？」

「でね、じゃあ次いきます。もうひとつ。なかなか難しいねえ。L男くんが今度ね、今日はね、O子ちゃんと（座りたいと言って泣いています）。でね、M子ちゃんの考え。M

子ちゃん考えました、M子ちゃん。ここで見てたら」

A男「私考えた！」

M子「私も考えた」

教師「みんないい考え。M子ちゃんの考えは……」

（中略）

M子は、自分の問題をいったん置いておき、L男とO子に対して解決策を提案しはじめる。他の幼児も自分たちであれこれ言いながら椅子を移動し、L男とO子の件がすんなりうまくいった。そのやりとりのあいだに、K男とG子が先ほどの椅子②・③に座っていた。M子はそれを目で追い、教師に訴える。

M子「G子ちゃんとK男くん（椅子をさっきと）変えてるの」

教師は床に座っていたM子の手を取り、K男とG子のところへ行く。

M子「K男くんここ（③）なの。私ここ（②）だったの」

教師「じゃあここ一個ずつ、G子ちゃんずれて。はいずれて。はいずれて」

G子とK男がそれぞれ隣にずれると，M子は空いた②に座る。
教師「あ，なんかこれでどう？　そしてR子ちゃんよ。R子ちゃんここ（①）だもんね」
R子が①に座り，M子が望んでいた，①R子，②M子，③K男，④G子の順に座れた。
教師「ああ，うまくようやくいった感じ」

（中略）

教師「よかったねえ。ようやく，ようやく……。いいですか？　素敵なフルーツバスケットになりますように」
教師「おつぎはなんですか？」
「じゃ今日新しく出た海賊さん（フルーツバスケット用の果物のお面ではなく，好きな遊びで作った海賊のお面をかぶっている子どもたちに向かって）！」
海賊のお面をつけた子どもたち「イェーイ!!」

こうしてフルーツバスケットを六分ほど楽しみ、終わるとM子は「先生抱っこ」と言って甘え、教師に抱っこしてもらった。

子どもたちのやりとりにていねいに耳を傾けた教師

筆者がこの事例を観察していて感心したのは、教師が実際のフルーツバスケットよりもはるかに時間をかけて、フルーツバスケットがはじまるまえのプロセスを大切にしたことであった。このような場面を目にしたとき、見る人によっては、なぜこんなに時間をかけてからしかゲームがはじめられないのだろうか、教師の導きかたによって、もう少し早くできたのではないか、などと考える人もいるかもしれない。教師はどのような意図でここまで時間をかけて子どもたちと話しあったのだろうか。

保育後、これだけ時間をかけてていねいに子どもたちとかかわったのはなぜなのかを教師に尋ねてみた。この教師は次のように答えた。

「教師主導で、早くフルーツバスケットをやることも可能だったでしょう。でも、これからこのクラスの子どもたちが子ども同士の関係性を深めていくとき、教師が誰が良いとか悪いとか、こうしたほうがいいなどと言ってしまったら、子どもたちは大人に判断を求めるばかりになって、自分で考えることをしなくなってしまうでしょう。子どもたち同士が自分たちのこととしてどうしたらいいかを考えることはとても大切です。人との関係性やクラスづくりもこういうところをていねいにしていくことで育っていくのです」

筆者は実際にこの場面を見たときに、教師の忍耐強さと子どもたちが他の子どもを気遣う姿に感心した。しかし、この場面について、あらためて教師にその意図について尋ねることで、教師が考えていたクラスの関係づくりという点からも、この場面はとても重要な意味があることに気がついた。

一方、教師にとっては、同じような場面がそのまえの日にもあったが、時間がなくなり、フルーツバスケットができなかったということがあったうえでのこの日であった。昨日はできなかったけれど、子どもたちとともに考え、今日はできたという喜びを子どもたちとともに味わうことができたことは、この教師にとって大切なこととしてとらえられていた。

さらなる逆進向進探索による発見

このフルーツバスケットの件（六月）があったのち、もう一度振り返ることで、この教師はさらに興味深いことがわかったと筆者に教えてくれた。ビデオ・カンファレンスで話題になったフルーツバスケットについてのリフレクションをきっかけに、フルーツバスケットをはじめてやったころのことが気になりはじめ、あらためてビデオを見なおしたとのことだった。すると、さらに興味深いことが発見されたのだという。

フルーツバスケットをクラスではじめたころのビデオを見返してみると、当時、教師は「子どもたちがなかなか片づけられないで、フルーツバスケットをはじめることができない」と思っていたとのことだった。この日も、筆者は参観していたので、その様子をCAVSceneで記録に撮っていた。筆者自身も、教師が一生懸命、片づけられていないテーブルのハサミやのりをしまい、その後ろで、数人の子どもが椅子を持ちながらうろうろしていたことが思い出された。実践中には教師はこの場面を、なかなか片づけが進まずに次の活動のフルーツバスケットがはじめられないと思っていたという。

ところが、このことをあらためてCAVSceneで見なおしてみると、「フルーツバスケットがはじまるまえから子どもたちはフルーツバスケットをしていたのだ」ということに気がついたという。

つまり、六月のフルーツバスケットの事例をカンファレンスで話しあうことによって、教師にとってフルーツバスケットをはじめるまでのプロセスに、とても重要な保育の意味があることを、参観者である人たちに語ることによってあらためて意識化した。そのような視点でもう一度、フルーツバスケットに至るプロセスを、子どもたちとフルーツバスケットをはじめた当初にCAVSceneのアーカイブを利用して昔の記録データに溯り逆進探索することによって、「片づけが終わらずにフルーツバスケットがはじめられない」というとらえかたから、「子どもたちはフルーツバスケットをはじめるまえから誰と座りたいのか、そのためにはどこに座るのかを考え、フルーツバスケットをはじめていたのだ」という見かたに変化した。フルーツバスケットは椅子取りゲームのように、呼ばれたフルーツのグループが一斉に立ち上がり他の空いている椅子を探して移動して座るゲームである。しかし、どこに座るか誰と座るかということをゲームをはじめるまえから子どもたちは考え行為していたのだということに教師は気がついた。フルーツバスケットをはじめたころの子どもたちの行為のプロセスにも重要な意味があるということを発見したのである。

このようなことは、逆進向進探索によって実践の新しい意味を発見したことを示している。いままではとくに意識にのぼらなかったような日常の場面が、子ども同士の関係性の成長にとって重要な場面としてとらえることができるようになったからである。このような発見は、見なおすのが難しかった従来のビデオ利用ではとうていできなかったと思われる。CAVSceneは一日前の出来事、一ヶ月前の出来事、一年前の出来事でも同じようにすぐに見なおすことができる。CAVSceneのアーカイブのしくみがこのような逆進向進探索としてのリフレクションを可能にしたことは、活用してみてはじめて明らかになったことである。

（刑部　育子）

注

［1］逆進向進探索（Back-Forth Tracing）——逆進探索（Back-Tracing）とは、出来事をもう一度見直そうと、過去に遡り辿り直す探索行為を指し、向進探索（Forth-Tracing）とは逆進探索（Back-Tracing）をして出来事を改めて拾い直す探索行為のことを指している。記録データのアーカイブ（履歴）のしくみからこの辿り直しの探索行為がしやすくなると、一つのエピソードにこだわらず、新しい別の物語が創発される可能性に開かれる。

［2］「フルーツバスケット」とは、椅子取りゲームに似たゲームで、大人数（おもに学級全体の一斉活動として）で行われることが多い。子どもたちがそれぞれ好きな果物のお面をつけ、人数より一つ少ない椅子を円を描くように並べて、それぞれの子どもが椅子に座り、オニ役（最初は教師がな

ることが多い）が真ん中に立っているところからはじまる。座っている子どもたちが「お次は何ですか？」などとリズムに乗って掛け声を掛け、オニ役が「桃」など果物を一つ言う。「桃」と言われれば、桃のお面をかぶっている子どもは立ち上がって他の空いた椅子に座り（「桃」同士で椅子の引っ越しをする）、オニも空いた椅子に座る。椅子が人数より一つ少ないため、一人座れないことになる。座れなかった一人の子どもが次のオニになり、「お次は何ですか？」の掛け声にこたえて次の果物をいう。これが繰りかえし行われる。オニが「桃」など一つの果物ではなく「桃とブドウ」と複数指定することもあり、「フルーツバスケット」と言うと、フルーツすべてを指し、全員が椅子を移動することになる。日本の幼稚園ではよく行われる遊びのひとつで、最初のうちは座れない子どもがいないほうが混乱が少なく楽しめるという教師の意図のもと、椅子を子どもの人数分ぴったり用意して教師がオニ役をずっとすることもある（オニになるのが嫌で移動しない子どももいるし、オニになりたがってわざと座ろうとしない子どももいるため）。また、遊びに慣れてきたら、お面をつけずに「白い靴下を履いている人」「今日の朝納豆を食べてきた人」などその場でオニ役が工夫して考えるようにするなど、遊びを広げていくこともできる。学級の実態に合った配慮をしながら工夫をして進めている。

6章

「おもしろさ」のコミュニティづくりとビデオ・カンファレンス

――この章では、一九九〇年代にビデオを教育に導入した先駆的な事例である苅宿の実践を本書の著者三人が振り返り、まなびにおけるビデオの意味、それを共有する意味についてわいわいと議論する（本書の一つの章として構成したため、ビデオ・カンファレンスの実録・トランスクリプションではないことをお断りしておく）。

対象となったビデオ――東京都内の区立S小学校六年生が製作した二本のビデオ（一九九二年）、およびNHKが撮影したその実践場面（テレビ番組録画／佐伯胖・佐藤学・苅宿俊文・NHK取材班『教室にやってきた未来――コンピュータ学習実践記録』NHK出版、一九九三年に書籍化）

（佐伯　胖・苅宿俊文・刑部育子）

教室にやってきたビデオ

［佐伯］この本ではここまで、ビデオを「実践のなかでのリフレクション」のためのものにする考え方と、そのためのビデオツールについて解説してきました。刑部さんが第2章でも触れていますが、いま保育や教育の現場で急速にビデオや動画が普及しているけれど、それがただの記録や、さらには問題の指摘のため、「反省会」のためのビデオになってないだろうか。そういう現状から、ビデオを撮ってビデオ・カンファレンスをすることを、実践者にとって本当に「おもしろい」もの

にすることを考えてきました。しかし、それでもまだビデオが「対象を記録するもの」「教育者が学習者を客観的に記録するもの」だと思いこんでいる人は多いのかもしれない。そこで今日は苅宿さんが一九九〇年代という早い時期に教室にビデオを導入した例を改めて見てみたいと思います。

［刑部］一九九三年にＮＨＫで放送され、ＮＨＫ出版から書籍化して刊行された『教室にやってきた未来』ですね。

［苅宿］それでは始めます。

きょうはね「みつめる」っていうことでね、さっき三時間目ね、クモが天井から降りてきて、それでみんなギャーギャー言ってたけど、あのクモがこの教室を見てたら、みんなと同じように見えるかな。どうですか。

［子ども］大きく見える。

［苅宿］人間が大きく見える。

［子ども］虫が見える。

［苅宿］虫が見える。あっ、そうか。クモにとって人間が虫かもしれないね。

［子ども］怖く見える。

［苅宿］怖く見える。何かになったつもりでいこう。何かになったつもりで、ふだん見ているものをもう一回見直してほしい。この教室の中のものを、もう一度見直してみてください。その道具として、きょうこれを用意しました。いまから配るから、前から取りに来て。

何になるか。それをまず決めて、それからこの教室を見たらどう見えるか。それをちょっと書いてみてください。

［苅宿］当時は携帯電話も普及しておらず、動画録画・編集機器は非常に高価なものでした。それをある研究所の支援で数台のカメラと、Ｍａｃ－Ⅱというパソコンを購入することができたので、私が当時勤めていた小学校での実践に使いました。

このビデオはご覧のとおり、メディアを教室に導入した記録のビデオというよりは、子どもたち自身がビデオを撮る、ビデオ作品を作る実践のビデオなんですよ。

「みつめる」授業

［苅宿］この小学校は、東京の高級住宅街に隣接した地区にあるので、この番組が放映されたときも、裕福な家の子どもが通う小学校でのハイテクな教育実践の様子だと思っている人がいたのです

が、実は全然違って、下町の雰囲気が残るふつうの学校でした。

［佐伯］いろいろ大変なこともあったそうですね。

［苅宿］そうですね。五年生からもつことになったのですが、元気でヤンチャな子どもたちもいて、にぎやかでおもしろいクラスでした。

［佐伯］これ、教科でいうと何の時間でやったんですか？　総合的な学習の時間なんかない時代でしょう。

［苅宿］これは「くらべる」の時間です。これは当時の時間割です。

［佐伯］月曜三時間目「つなげる」(社会)、火曜五時間目「みつめる」(道徳)……。そんな時間割なのですよ。「くらべる」はふつうでは家庭科だね。

［刑部］なぜ家庭科が「くらべる」なのですか。

［苅宿］私、家庭科主任でもあったのです。一学年に一クラス、合計六クラスしかないのです。そうすると私は体育主任もやる、放送担当もやれば、家庭科主任もやっていて、家庭科室をいろいろと工夫して使えたので。「くらべる」ということ、比較をするということがおもしろいということを、家庭科だったら現実感あふれたものにできるかなと思ったのです。

　この子たち、自分で料理できる子がけっこういたのですよ。家に戻ったらお父さん、お母さんが

6年1組　時間割表

	月	火	水	木	金	土
1時間目	国語	国語	算数	体育	算数	家庭
2時間目	算数	学活	国語（自分の言葉）	音楽	社会	家庭
3時間目	社会（つなげる）	算数	理科	国語	社会	家庭（くらべる）
4時間目	音楽	算数（わかる）	理科	理科	体育	家庭（くらべる）
5時間目	国語（出会う）	道徳（みつめる）		図工（自分づくり）	国語（つたえる）	
6時間目		体育		図工（自分づくり）	クラブ委員会	

図・時間割（『教室にやってきた未来』75頁）

働きに出ていらっしゃるとか。一番上手かったのが、八百屋さんをやってる家の子どもでした。

［佐伯］材料があるから。

［苅宿］八百屋さんをやっているから、材料はたくさんある。それで本当にとても上手だったのです。その子がいう一番大事なこととは、塩味は塩を入れすぎたら戻らないぞということです。

［佐伯］言われてみればそうですね。

［苅宿］すばらしいと思いませんか。その時にハッと気がついたのです。いろいろ比べるということを実物的にやるときに、家庭科というのは広くとらえられる。比べることはおもしろいんだということを知ってもらうとき、「みつめて」「くらべて」とか、そのような動作を子どもたちがわかるようにしたかった。要するに動詞をとおして活動というか、動詞形で学習がリードできたらいいかなと。

［佐伯］苅宿さんは授業の時間割を、なんと全部動詞化して捉えなおしているのです。すごいことだと思います。

「ネコの視点」ビデオ

［佐伯］次のビデオを見てみましょう。これは、ゴミ箱をあさってるネコの視点かな……。

[刑部] 歩くネコの後ろにくっついて撮ってるんですか。

[苅宿] そうではないのです。まず子どもがネコを観察するわけですよね。そうすると、ネコはこう走る、こう跳ぶということがわかって、自分が撮るビデオが「ネコになる」わけです。ビデオがネコになるためには、先ほどのクモのビデオのように、自分がクモになるということがわからないと、それができない。それができるようになってくると、自分の視点をこういろいろ動かすことができるようになってくる。

[刑部] このビデオに触発されて本物のネコにカメラをつけて走らせたのですけれど、映像がぐちゃぐちゃで、結局ネコが最後に真っ暗なところにいって止まってしまうから、ずっと暗いままのビデオが永遠に続くという（笑）。

[苅宿] それは本当のネコだから。私たちはネコに「なったつもり」、ネコになったつもりは人間だから。

[刑部] そこが全然違うのですよ。

[苅宿] ネコという異質なものを翻訳して、人間がわかるとしたら「こんなわかり方がいちばん猫に褒められるのではないのか」という感覚ですよね。

[刑部] 「猫に褒められる。」（笑）

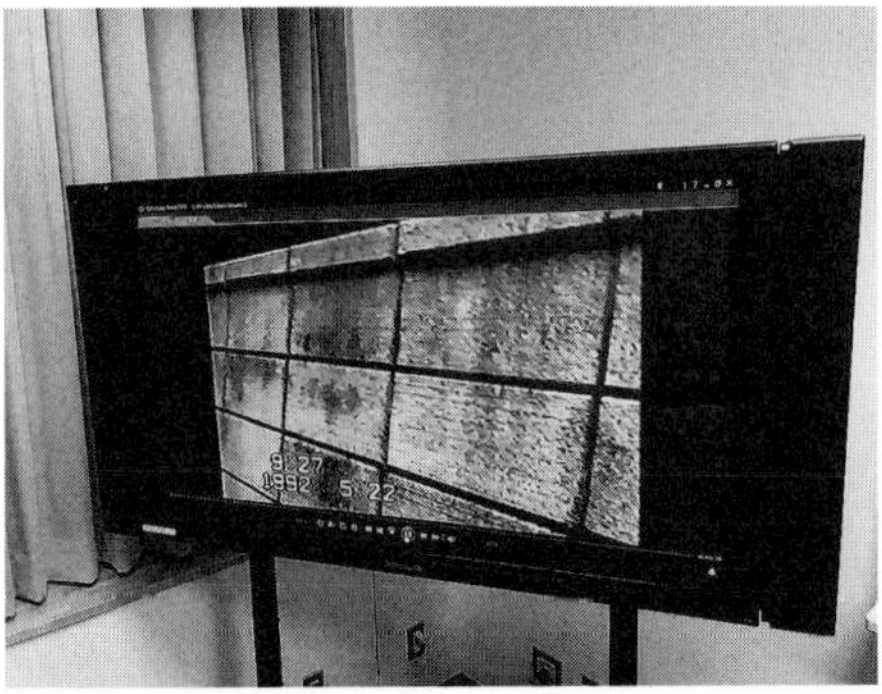
ネコはブロック塀をぴょんと登る

［佐伯］ 塀に飛び上るシーンがあったはずなのだけど。あれはどこにいったかな。
［苅宿］ あれは本には出てこない、たぶん佐伯先生のために子どもが贈り物に作った作品です。子どもたちはピョンと跳び乗るところで佐伯先生が「絶対に喜ぶだろう」と盛んに言っていましたから。
ああ、ここ、ここ。ここから、ピョンと乗ります。
［佐伯］ ビャーッと猛烈に走っているネコから、この通路こう見えるだろうという話。ずっと走っていく。
［苅宿］ 実は何テイクもしていて、「猫だって落ちるから、下を見るに決まっている」というんだ、これが。
［刑部］ なるほど。
［苅宿］ 最初は前を見ていたのですけれども。
［佐伯］ あ、ネコが落ちる。
［苅宿］ これで三〇分くらい授業に使えるのですよ、おもしろがってみていくことにクラスがだん

だん慣れていくんですね。それで授業になるのです。

［刑部］ こういうのがおもしろいなと言ってくれる人が傍らにいるかいないかで、全然違いますよね。

［苅宿］ それはそうですよね。

［佐伯］ たしかにネコがこういうものを見ているよなって、ネコのまなざしが伝わるんだよね。

［苅宿］ 子どもたちは「みつめてきました」と言って撮影から帰ってくるのです。なぜそのようなことをやったのかということを、得意げに延々と語れるわけですよね。

そうすると、何も必然性がないものはなくて、このテープはどういう意味で撮って、こっちのテープはなぜ没にしたかということを全部説明するのです。しくじっても間違えても全然いい。どうして間違えたかと説明できる者が一〇〇点なのだということをやると、保護者にはそう説明していました。

自分のやっていることの必然が語れるということは、やはり小学生でも大学生でも一緒で、何で学ぶのかという問いをきちんと答えられるといいかなと。

［刑部］ ネコではないのにネコっぽく見える映像という、そこの違いがとてもおもしろいというか。

［苅宿］ それは他者のことがわかるということと非常につながっています。自分の必然を語れると

いうことは、人の必然をわかる素地があるはずなので、そういう点は大きいかなとは思うのですね。

他者の視点・自己へのふりかえり

［苅宿］この子たちは五年生の学芸会をきっかけに、演じることで自分を表現することのおもしろさに出会います。そして「なったつもり」ということばを、自分のものにしていきました。

［佐伯］演劇の経験があるわけですね。

［苅宿］ケンカをしているシーンを劇にして、実際自分がケンカで友だちに言ったことばを自分が言われるという劇を作ったのです。

［佐伯］ああ、そりゃ激しいものだ。

［苅宿］ところがそれがとても子どもたちにウケたのですよ。それで自己開示が非常に進んだのです。こうしてクラスが少し落ち着いて、何かに取り組むことに慣れてきました。そこで共同的な場面をたくさん作ったのです。まだ情緒不安定になるとボカンと爆発するというのはある状況なのですけれども、その時に自分と他者にもう少し興味を持ってゆくにはどうしたらいいか、私も当然わかっていないので一緒にやりながら考えたかったということです。劇として演じるのは上手くなった。つぎは演じるということから、演じている自分から本当の自分を取り戻していくという作業が、

このビデオの授業なのです。

［佐伯］「牛乳キャップになったつもりで黒板消しを見る」っていうビデオを撮った子もいたね。

［苅宿］そのつもりになって見ていくということが、いままで当たり前に見ていたことを別の見方で見ることに繋がってくるのではないか。いろいろな目の高さというものを、もう一回経験してほしいのです。

でも実は、「これはわからないだろうな」っていうことをわかりながら、授業を続けている。これをすぐわかってしまったらとんでもない話で、わからなくていい。また先生は変なこと言ってるぞと思われて、それにだんだん慣れていきながら、「あ、俺慣れてきたぞ」とか、「わかってきたぞ」というところをたっぷり時間かけて、何回も何回も味あわせていくと、「あ、俺ってわかっていく存在なんだな」というようになるのです。

［佐伯］なるほどね。

［苅宿］そうすると、家にビデオを持って帰ったり。要するに私がいなくてもそれができるようになる。

［佐伯］あ、この場面がおかしいのですよ。

［苅宿］子どもの撮ったこのビデオ「牛乳キャップになったつもりで黒板消しを見る」を、その子

のお母さんに見せてもわからないという。お母さんがわからないと、子どもがわかってしまうのです。

［佐伯］そうそう。


［子ども］これが教室に落ちてた牛乳キャップになったつもりで、ここが黒板消しを見たの。

［母親］あー。黒板消しと牛乳キャップを見たの？

［子ども］違うよ。教室に落ちていた牛乳キャップになったつもりで黒板を……。


［苅宿］ほらね。わからない人がいると、自分がちゃんとわかって説明できるでしょう。だから私の話がわからなくてもいいのです。そこが難しいところですが、わからないなと思いながらなじんでくる時間があるのです。そして、わからないと言う人に相対した瞬間に、自分がわかった人になるわけなのです。

［佐伯］突然に、ですね（笑）。おもしろいですね。

［苅宿］何がポイントかというと、教師がいなくても、教室でなくても、「わかるということ」が体験できるようになったということです。

対話とリフレクション

[佐伯] 結局、ビデオはいったん自分自身で何を映そうか考えたうえで映そうとする。映そうとすることが、ある意味では対話なのですね。自分は対象をどのように見るかということを、自分でまず「自己内対話」をしながら、それを実現するためにビデオを撮るし、ビデオを撮ったうえで改めてもう一度、自分はどうだったのだろう考える。「自己内対話」ということが中心になるのです。

苅宿さんはビデオを導入する際に、子どもに「何かおもしろいものの記録をとってきなさい」というような言い方を、基本的にしていない。自分を、自分自身をみつめるということのためにビデオを使おうという。ビデオを使うということは、自分を表すことであり、自分がどのように世界を見るかということの「セルフ・リフレクション」であり、そのこと自身を問い返すツールなのだと。

作品としてのビデオ

[佐伯] レッジョ・エミリアの実践を見ると、子どもたちが自分たちの作品についてめちゃくちゃ語るのですよ。日本ではそれがほとんどありません。「なぜ私はこう書いたのか」、その子どもの生のことばをみんなが聞くべきだと思うわけです。そういう作者意識。作り手という作者意識を持つ

ということを、苅宿さんが子どもたちにビデオを導入するときに、徹底的に言っているということなのです。「自分というものをなぜ撮るのか、どうして撮るのかということをよく感じながら、そのことを撮りなさい。そして撮った後は、それをいつでもしゃべりなさい」と。周囲はそれを頻繁に聞くわけですよ。それが基本なのだということ。

その点で、苅宿実践というのは、ビデオは記録ではない、語りだと。ビデオを「記録装置」としてではなくて、「語りことば」としてとらえた。ビデオは記録ではなくて作品を描く道具であり……。

［苅宿］作品そのものなのです。

［佐伯］この『教室にやってきた未来』という実践というのは一九九三年とかなり古いのだけれども、ここでビデオを撮る、ビデオを見せあうということの意味の中心が見えてくる。撮り手自身がセルフ・リフレクション――「自己内対話」・自己省察をする。それを他者に訴えるという、表現の媒体、コミュニケーションの媒体なのだよね。

ビデオは表現

［刑部］ビデオは記録というより表現の媒体、ひとつの言語だというのが、いまの話ですごくよく

わかって。

そう言えば私自身も、ちょうどこの一九九三年にある保育園の五歳児の「Kちゃん」を撮っていたのです（刑部、一九九八）。このケースは、ビデオで撮らなかったら言い表せないとたぶん思ったというのがありますね。授業研究でも、小さな子どもの事例研究でも、文字にして論文に書く場合、「TCTC」といって、teacher（教師）／child（子ども）／teacher（教師）／child（子ども）……と発言を書き起こすのですが、私の研究の対象になった子どもは、ほとんどしゃべらないので「TC」式では論文が全部「……」で終わってしまうというのが悩みどころでした。

そして、その子どもをずっと後ろからビデオで撮りはじめたのですが、そうすると、なぜその子がそのようなことをするのかという世界が見えてきてしまう。先生から見たら非常にどうしたらいいかわからない、困ったなとか思う行動だったとしても、Kちゃんの後ろからビデオで映していると、「そりゃそうだよね」という気持ちにこちらがどんどんなってゆく。

［佐伯］その子が見ている世界を映しながら、その子が見ている世界はどのように見ているのだろうかなという思いで映している。

ある意味ではそれは刑部さんの語りなのですよね。映していること自身が語っている。そういう、ある子どものことばにしていないことばを、実はあなたが代わりに語ってあげているというか、思わず心の中で生じていることを感じながら映している。そのビデオは、出来事の記録だということではなくて、この子は本当は何を語りたいのだろうかという、その語りを聞き取るという思いの映像だったということは、いま思うとそうなのだよね。

［苅宿］いまの刑部さんのお話にあるように、そこにある文脈というか状況をきちんと再現できる力と、その再現していることを他者がどうくみ取れるかというところが非常に重要なことです。

「学習者中心」ということばは学校や社会でもその普遍性を一定以上獲得しているとは思いますが、どうもその「学習者」というものが固定的に捉えられているように思います。機嫌のいい時もあれば、機嫌の悪い時もあるという当たり前の、人としての学習しているリアリティのようなものというのを、どうしてもこうはぎ取って……。

［佐伯］そうだね。

［苅宿］成果、成果という、効率的に成果を上げる、という話というのでしょうかね。

この実践から四半世紀もたって、この子どもたちもみんな大人になりましたが、彼らに再会すると何人か言っていたのが、「何かあった時に録画したあの（ＮＨＫの）番組を見る」と。

映像でもう一回自分の姿を見るということは、ある確認作業がそこにあるのかな。学んでいる自分を確認する作業があって、それで「やはり自分は学んでたんだな」と思えるということが、意外に効くのではないか。

何を言いたいかというと、学習者というものを考えた時に、自分が学んでいるということをどう自分が理解していくのかということが、とても重要な作業なのではないかということです。

それは自分の視点を「メタ認知」で見るということなのだけれども、テクニカルに見るということではなくて、自分というものに興味を持つこと……。

［佐伯］そうだろうな。

［苅宿］そういうことだと思うのです。自分の学習、とりあえずやる学習だと興味もなく、おもしろくもないではないですか。おもしろいからやるという前提を学校が用意するとしても、おもしろいだけでは「やらされている感」が満載です。しかし、自分が本当におもしろいことをほかの人に話しているのを誰かに撮っておいてもらい、それをもう一回自分が見るとよくわかる。「なるほど、自分は、俺はお前に賛成だよ」と我が事として自分に賛成するわけですよね。そういう感覚が非常に重要なのだと。それを私たちに増幅してくれるのが、映像という媒体ではないのかなというようにはとても思います。

［佐伯］ほとんどの「学習者中心」の学習者の捉え方は、レディ風のことばで言えば、三人称化されている学習者（1章）なのね。つまり外から眺めたうえで、「学習者を中心にしましょう」なん

上右・刑部育子，上左・苅宿俊文
下・佐伯胖

ていうことを言っている時は、結局、学習者は他人ごとですよ。そして「学習者を中心に何々してあげましょう」という、それは本当は学び手の思いということに何ら配慮もないのだよね。

「おもしろさ」をわかる

［苅宿］あともうひとつは、自分を学ぶということにつけても、ほかの学びもそうですけれども、おもしろさというか、興味がない学びはないわけで……。

［佐伯］そりゃそうだ。

［苅宿］思わず夢中になってしまうというすごい時間、学校でなら、子どもが学ぶ必然性のようなものを捉えさせる努力というものが、やはり学習の環境を整える時にもっとも重要なことです。

［佐伯］そうね。

［苅宿］そのモチベーションというか、おもしろいということを自分でわかる、おもしろがる感覚を身に付けるのも難しい。

［佐伯］そうね。

［苅宿］おもしろがるっていう感覚がわかると早いのですよ。スポーツが好きな人って、他の競技もおもしろがって手を出して、最初は下手くそなのですけれども、おもしろがってやっているから、

小一時間でちょっとさまになるようになる。そういう人を、そのような感覚ですよね。何かおもしろがることをひとつ持っていると、ほかのこともおもしろがれる。私はそこがすごく信じているところなので。

[佐伯] なるほどね。根源的におもしろがったという経験が、ドスンッとどこかにないと駄目ですよね。

[苅宿] そうなのです。学校であれば先生がおもしろがることが大切でしょうね。

[佐伯] それを生み出すことが非常に重要で、それがないのに何か要求ばかりしていると、どんどんおもしろがることが消えてしまうということですよね。

[苅宿] 食べず嫌いの人に、まだ食べていないのに嫌だと言わせないために、取りあえず「まあ、食ってみようよ」という時は、食う人たちはみんなポカンなわけです。だんだんそれが慣れてくるというそこの、こっちも時間をかけてそこに慣れていく。つまりおもしろがっていくまでの時間的な猶予というものを、ある一定以上とらないといけない。

それでも、とにかくおもしろいって、子どもは絶対にわかりますよ。

[佐伯] それはそうだよ、わかるよね。

[苅宿] つまらないというのもわかる。

［佐伯］それもわかる。

［苅宿］だったら、そのおもしろいというところから、それがどういうことなのかということを、その子が話せればいいではないですか。「おれ、これ好きなんです」って。

［佐伯］そうそう、語らせれば絶対に出てくる。

［苅宿］それを聞く。あまり先生と子どもというのではなくて、ひとつのコミュニティとしておもしろがる。おもしろがることにコミュニティが慣れていって、あるとき慣れてきた状態が共有されるという流れがあると思うんです……、つまり、遊べばいいのですよ。

ワークショップの学びとビデオ

［佐伯］いや、本当にそういうおもしろがることをおもしろがる大人が、案外いないということよね。それがかわいそうな話だ。

［苅宿］いまその対抗としてワークショップで演劇とか、ダンスとか、そのような表現の場を学校につくっていますが、その表現には正解がない。表現者が納得したところがゴール。

　その時も表現した後に必ずビデオを撮って見せるのです。それでみんなでゲラゲラ笑う。いちばんそこで先生たちに言っているのは、自分がやっていることをみんなが笑ってくれて、自分もそれがおもしろくて笑っているという、それだけの安定感のあるコミュニティを作りましょうねということなのですね。

[佐伯] おもしろがるということが、実はワークショップもそうだけれども、ビデオを写したり、ビデオを活用するという時の中心で、「おもしろいんだ、おもしろいんだ」という気持ちを追究してほしいわけね。幼稚園で遊んでいる子どもを撮る時も、ただ幼稚園で遊んでいることを平和に撮る、記録ではなくて、自分の中で湧き起こる「おもしろさ感覚」というのを呼び覚ましながら、それを大事にしながら撮るというね。

そうでないと、実は見た人が全然おもしろくないわけだよね。その感覚が背後にあるなって、この撮っている人がおもしろがってるなということは必ずそれは伝わるからね。だから、そこでおもしろがるという撮り手自身の思いというものを共有できるわけよね。

でも、本人自身が三人称的に、観察的に、記録的に撮っていると、われわれだって記録的に、観察的にしかそれを見ない。もうそこには感動もなければ、何か探求したくなるということもなくなってしまうわけですよね。ビデオ撮りは語りだと、自分語りでもあり、人への語りでもあるというね。語ることばとしてのビデオというのを、ぜひ一つ強調しておきましょうよ。

[苅宿] あとは、それを共有できるコミュニティですよね。

［佐伯］それが大事だね。

［苅宿］おもしろいものに人がひきつけられるということを知っている人には、そこにこそ価値を見いだしてもらいたい。子どもの授業であれ、先生どうしの授業分析やカンファレンスであれ、それを自分の前で、他者の前で再現できることが、学習に納得感を持たせることなのだということに気がついてほしいのですけれどもね。

「おもしろさ」のアーカイブ

［刑部］ある先生はタブレット端末で、子どもの作っているもの、作る手の動きも撮るのですけれども、タブレットを持ちながら喋りかけるのです。そして、私にも「おもしろいから見てくれ」って。

するとこれはとても不思議なのですけれども、ネーミングも何もしていないのに、そのおもしろい場面というのを即座に取り出して再生できるのです。おそらく自分がおもしろいと思って撮って、保存しているから、すぐそこにたどり着けてしまうのだと思います。

［佐伯］パッと、「ああ、これね」って。

［刑部］インデックスぐらいは付けているかもしれませんが、文字による整理なしに、「砂場の場面

でおもしろい話あったたって言ってたよね、その場面見せて」っていうと、「ああ、あの場面ですね」って言って、パッと探して出すのですよ。やはりそこまで入り込んだ授業の場面というのは、たぶんすぐ引っ張ってこられる。だからアーカイブって何なのかなって。ＣＡＶＳｃｅｎｅを作っていた時も、当初、アーカイブ化は「データを整理する」ものだと共同研究者は言っていたのですが……。

［佐伯］なるほど、「整理」ではない。

［刑部］整理ではなくて、心に残った場面が引っ張り出せるということが重要なので、整理と違うのですよね。

それがすごくリフレクションに関係していると思っています。中立的に何か写真がきれいに収まっていればいいという話ではなくて、心に残った場面をどれだけマークできるかというのが、3章で解説したツール作りのテーマです。サムネイル作り、マーク付けというのは、痕跡を残す、心に残ったものに痕跡をつけ、後でそこにいかにたどり着けるかという。

［佐伯］物語も記録なのだけれども、でもデータとしての記録と、伝承や戦記物、物語やストーリーの記録とは、違うんだよね。

ブルーナーもいうように、カテゴリー、概念、論理を中心にしたものと、そうではない、ドラマとして、物語として、まさにストーリーとして残っているものというのは違うというかね。

［刑部］劇と一緒だと思うのですよ。劇をした時のことを思い出すのと同じような、やり取り、ダイアログがそのまま残っている感じです。

［佐伯］データを保存するということと、語りを語り直すための資料を残すということは全然違うわけだよね。そこの違いというものが、もう少し理解されると、ビデオを撮ることの意味も、あるいはビデオを活用することの意味も違ってくる。物語を語り直すのだと思ってビデオを見直すのと、何が起こったかを客観的な事実としてそれを記録に残しておくということでは、全然話が違う。「おもしろがり直し」のための資料を残す、そういう意識でビデオ撮りをするのと違ってくるわけだな。

多面性への気付きは「おもしろい」

［佐伯］苅宿さんが言っていた、時間がかかってだんだんわかってくるというのも、実はJ・ブルーナーの物語論的な捉え方なのね。物語というのは最初どうなるかわからないのが、「結局、そうだったのね」というのが後から分かる。それが語りというものなのだということが大事だという話があってね。

分かったような、でもなにか本当は違うよなという体験を、あとからていねいにたどっていくと、「本当はこうだったんだね」っていうのが、ずいぶん後になってからわかったりする。すぐにわかることではない、すぐに気付かないことを、ずっとどこかで持続させてゆくと、あとから意味が見えるという体験。

この本のビデオツールでも、ビデオを後ろから前に向けてたどる逆進向進探索機能が紹介されましたが、先読みしない、むしろ後からわかるはずだという思いで、ていねいに見ていくということ、それは本当に大事にしなければいけないことだと思いますね。

[苅宿] 大学生でも、自分のやっていることを映像でとらえて、解説させるとけっこうおもしろく変わります。私はいま大学一年生にむけて「ワークショップ・デザイン」という授業を持っているのですけれど、「まず自分の中に多面性のようなものを、もう少し味わってみましょう」というようなことをやるのですね。自分たちの映像をたくさん撮らせて、それを見せていくのです。自分が撮られる映像体験をたくさんさせると、自分の自分に対する捉え方が変わっていく。

4章で紹介したミーティングレコーダーですが、たとえば「自分ってこんなに不愛想だったのか」ということに気がついたり、「人の話を聞いてねえじゃないか」みたいなことに気がついたりする。いわゆる自分というものが、自分の知っている自分だけではないということに気がついていく。それがなにより自分にとっておもしろいし、それで自分自身として変わってゆく。

リフレクションとビデオという切り口で考えた時に、そこで明らかになるのは、先ほどの「文脈」とか「ストーリー」の多面性と、そして自分自身の多面性、自己の未知性への気付きですね。日頃の自分というものに対する無関心さ、知ったつもりの自分への無関心さから出て、もっと自分に興味を持てよという、そのような試みがビデオだとやりやすいかなというのがある。そこと、ビデオに撮られているもののおもしろさが、どこかで非常につながっている。

ほかの人が参加していくとおもしろさは倍加するという原則があるではないですか。みんなが自分の作った遊びをやってくれるとすごく嬉しい。自分をおもしろがってもらえるということに、自分のことをもう一回わかり直すきっかけがあると。それは実は子どもだけではなく、大人もそうなのだというようなことにもつながるのかなと思いました。そのことは『教室にやってきた未来』の子どもたちが撮ったビデオでも、先生たちが撮る授業研究のビデオでも、同じではないですか。

［刑部］けれどどこれはひとりでやっていっても可能かなと私が考えてみた時に……。

［佐伯］なかなか難しい。ひとりじゃできない。

［刑部］やはり苅宿先生が、それこそ「聴き入ることの教育」（レッジョ・エミリアの教育哲学）ではないけれども、本当に何というか熱心に聴いてくれる。聴いてくれる他者がいるとか、関心を持っ

てくれる他者がいるというところで……。

［佐伯］全然違うよ。

［刑部］倍増するというか、何かいいように変わるというか……。

［苅宿］『教室にやってきた未来』のビデオ実践は、当時の佐伯先生も重要な登場人物ですよ。子どもにとっては「東大の佐伯先生」ではなくて「時々きて何かおもろいことを言う人なんだよな」という認識で、そんなに喜んでくれるなら、ちょっと特別にビデオつくってプレゼントしようなんて。

［佐伯］そうそう。

［苅宿］このお裾分け感覚が大事ですね。

［佐伯］お裾分け感覚（笑）。

［苅宿］そうなんですって。自分が夢中になってやっているものを人が喜んでくれると、お裾分けしたくなるではないですか。「見ろ」というのではないのですよ、お裾分け感覚というそこが非常におもしろいのですね。そこにはクラスというコミュニティが、自分がおもしろいと思うことをお互い受け入れていくという環境に慣れていくことが重要で、これは慣れてきたという実感が、これからも慣れていくだろうという予見につながっていることを共有していることだと思うのです。

「おもしろがり屋」のコミュニティづくり

[苅宿] ここで紹介した『教室にやってきた未来』を読んで、観てくれた方にはよく、「ネコになったつもりの映像を撮ると、コミュニティが安定するのですか」ということを聞かれるのです。

[佐伯] (笑)。

[苅宿] それは、そうした表面につながるまでにありとあらゆる努力を実はしているのですという話はあるのですが……。

[佐伯] そうだよね。

[苅宿] やはり自分の必然を語れるまでに、どのように学校の中でやれるかということは大きいです。五年生の演劇の体験から、それと並行した子どもごとのたくさんのストーリーから、佐伯さんや、それをNHKが撮りにきてくれたことまで全て含めて……。

[佐伯] そこが大事なのだな、コミュニティ作りが。

[苅宿] その時に映像は、まさにその状況を再現する意味では非常に役に立ちますよね。

[佐伯] 何度も繰り返しますが、このコミュニティづくりのキーワードは「おもしろがること」なのですよね。ただ、コミュニティならいいというのではなくて、おもしろがるコミュニティ……。どんなビデオ・カンファレンスも、そういう「おもしろがり屋さんのコミュニティ」のひとつのか

たちだといいな。

終章

おもしろくなければ、つまらない

幼稚園や保育園の子どもたちは、実にかわいい。しかし、子どもが「かわいい」と思える人がよい保育者かというと、そうではない。子どもを「おもしろい」と思える人が、よい保育者なのである。

「かわいい」とか「かわいくない」とかは、ある種の判断基準による選別である。ところが、「おもしろい」とか「おもしろくない」は、特定の基準に当てはめた判断ではない。むしろ、特定の判断基準が「裏切られる」のが「おもしろい」のである。

「おもしろさ」には発見と驚きがある。発見と驚きは、それを受けとめる側にある種の度量（器の大きさ）がなければ生まれない。逆説的だが、「何ごとがあっても、驚かない」度量があるからこそ、小さなこと、些細なことも見逃さずに「驚くことができる」のである。

度量というのは、知識や判断基準の豊富さを意味しない。何ごとも解釈してしまう心には「おもしろさ」は生まれない。むしろ、「おもしろさ」が生まれたとき、一瞬だが、「解釈」が吹き飛ぶ。どう解釈してよいか、ことばがみつからない。

「ことばがみつからない」というのは、ありきたりの解釈で言い表せるものではない、という意味であり、それなりに「新しい意味」があることを読み取っているのである。それが荒井由美が

「目にうつるすべてのことは、メッセージ」と唄った[1]なかでいう「メッセージ」であり、イタリアのレッジョ・エミリア市の保育の創始者であるローリス・マラグッツィが、「子どもたちの百のことば」という詩で語っている、あらゆるものごとのなかに子どもたちが聴き入り、また語っている「ことば」である（エドワーズほか、二〇〇一）。

本書では、実践を「多義創発的にみる」ことを提唱し、それを可能にするツールとして、CAVSceneとデキゴトビデオが開発された。「多義創発的」というのは、「多義的」ということではない。つまり、多様な視点から「多様な解釈ができる」というだけの意味ではない、ということである。そうではなく、むしろ、多様な視点から、「多様な解釈が創発される」という意味である。「創発」は、発見と驚きをともなって生まれることである。

CAVSceneやデキゴトビデオを使いこなすには、「おもしろさ」を見逃さず、驚けるという度量がなければならない。それはまた、私たち自身が、「子どものようなまなざし」をもって、実践や出来事をみる、そのなかで生まれるアレ・コレの、「言葉にならないことば」を読み取り、聴き入る、いわば「何ごとがあっても、驚かない」（と同時に、小さなこと、些細なことも見逃さずに「驚ける」）という度量をもって臨む、ということである。それによってはじめて、多種多様な、ありとあらゆる「新しい意味」が、多義的に「創発」される「おもしろさ」に浸ることができる。

このような観点から「実践をみる」ということについて、あらためてローリス・マラグッツィの「子どもたちの百のことば」を、じっくり味わってみよう。

子どもたちの百のことば

——とんでもない、百はちゃんとある

ローリス・マラグッツィ

子どもは
百のもので作られている。
子どもは
百のことばをもっている。
百の手と
百の考えをもち
遊んだり話したりすることに

百通り考え出す。
百通りはいつも
聴き入ること、感嘆すること、
そして、愛することにある。
さらに
百の世界を歌うことと理解することに
百の喜びを感じるが
それは
百の世界の発見と、
夢見る百の世界の創造を生み出す。

子どもは
百のことばを持っていても
（実際にはさらにその百倍もその百倍も、そのまた百倍もだが）
人々はその九十九を奪っている。

学校と文化は
頭をからだから切り離す。
そして、子どもにこう教える――
手を使わないで考えなさい。
頭を使わないで行動しなさい。
人の話をちゃんと聴き
楽しまないで理解しなさい。
そして
愛したり感嘆したりするのは
復活祭とクリスマスのときだけにしなさい。
学校と文化は子どもにこう教える――
すでにある世界を発見しなさい。
その世界は百あるのだが、
その九十九を人々は奪っている。
人々は子どもにこうも教える――

仕事と遊び
現実とファンタジー
科学と想像
空と大地
理論づけと夢は
それぞれが別々で
一緒になることはない、と。
そして、彼らは子どもたちに
百のものなんてない、と。
ところが子どもたちはいう——
とんでもない。
そういう百は、
ちゃんとそこにある、と。

（英語版より佐伯胖訳）

（佐伯　胖）

注

［1］荒井由美作詞・作曲の「やさしさに包まれたなら」で繰り返されるフレーズはこう唄われている。
カーテンを開いて　静かな木漏れ陽の
やさしさに包まれたなら　きっと
目にうつるすべてのことは　メッセージ

佐伯　胖（さえき・ゆたか）［はじめに、1章、コラム、6章、終章］
田園調布学園大学大学院教授、信濃教育会教育研究所所長、東京大学名誉教授。主要著書に『かかわることば』（共編著、東京大学出版会、二〇一七年）、『「子どもがケアする世界」をケアする』（編著、ミネルヴァ書房、二〇一七年）、『幼児教育へのいざない』（東京大学出版会、増補改訂版、二〇一四年）、『ワークショップと学び』（全三巻、共編著、東京大学出版会、二〇一二年）、ほか。

刑部育子（ぎょうぶ・いくこ）［2章、3章、5章、6章］
お茶の水女子大学生活科学部准教授。主要著書に『かかわることば』（分担執筆、前掲）、『協同と表現のワークショップ　第二版』（分担執筆、東信堂、二〇一四年）、『保育者論　新版』（分担執筆、北大路書房、二〇一四年）、『場づくりとしての学び』（分担執筆、前掲「ワークショップと学び」第二巻）、『まなびほぐしのデザイン』（分担執筆、前掲「ワークショップと学び」第三巻）、ほか。

苅宿俊文（かりやど・としぶみ）［4章、6章］
青山学院大学社会情報学部教授。主要著書に『現代アートの本当の学び方』（共著、フィルムアート社、二〇一四年）、『ワークショップと学び』（共編著、前掲）、『協同と表現のワークショップ』（共編著、東信堂、二〇一〇年）、『インターネット学習をどう支援するか』（共著、岩波書店、二〇〇〇年）、『コンピュータのある教室』（共著、岩波書店、一九九六年）、『教室にやってきた未来』（共著、日本放送出版協会、一九九三年）ほか。

ビデオによるリフレクション入門
実践の多義創発性を拓く

2018年5月23日　初　版
2019年4月10日　第2刷

［検印廃止］

著　者　佐伯《さえき》胖《ゆたか》・刑部《ぎょうぶ》育子《いくこ》・苅宿《かりやど》俊文《としぶみ》

発行所　一般財団法人　東京大学出版会

代表者　吉見俊哉

153-0041 東京都目黒区駒場 4-5-29
http://www.utp.or.jp/
電話 03-6407-1069　Fax 03-6407-1991
振替 00160-6-59964

印刷所　株式会社三陽社
製本所　牧製本印刷株式会社

ISBN 978-4-13-053090-3　Printed in Japan

索　　引

さ　行

た　行

な　行

わ　行

参考文献

生田久美子・北村勝朗（編著）(2011).『わざ言語――感覚の共有を通しての「学び」へ』慶應義塾大学出版会

稲垣忠彦（1984).『戦後教育を考える』岩波書店

稲垣忠彦（1986).『授業を変えるために――カンファレンスのすすめ』国土社

稲垣忠彦・谷川俊太郎・河合隼雄・竹内敏晴・佐伯胖・野村庄吾・佐藤学・前島正俊・牛山栄世ほか（編集委員）(1991-92)『シリーズ「授業」』(全11巻), 岩波書店

エドワーズ，C.，ガンディーニ，L.，フォアマン，G.（編）（佐藤学・森眞理・塚田美紀訳）(2001).『子どもたちの100の言葉――レッジョ・エミリアの幼児教育』世織書房

エンゲストローム，Y.（山住勝広・松下佳代・白百草禎二・保坂裕子・庄井良信・手取義宏・高橋登訳）(1999).『拡張による学習――活動理論からのアプローチ』新曜社

大場幸夫・森上史朗・渡辺英則（1995).「座談会・保育カンファレンスのすすめ」『保育研究』16 (3), 2-17.

金澤妙子（1992).「保育カンファレンスの必要性と危機そしてその成立を目指して」『金城学院大学論集人間科学編』17, 1-33.

ギアーツ，C.（森泉弘次訳）(2012).『文化の読み方／書き方』岩波

書店
岸井慶子（2013）．『見えてくる子どもの世界――ビデオ記録を通して保育の魅力を探る』ミネルヴァ書房
刑部育子（1998）．「『ちょっと気になる子ども』の集団への参加過程に関する関係論的分析」『発達心理学研究』9 (1), 1-11.
刑部育子（2012）．「分析ツールが実践を開くとき」苅宿俊文・佐伯胖・高木光太郎（編）『ワークショップと学び 3――まなびほぐしのデザイン』東京大学出版会，pp. 255-279.
鯨岡峻（2015）．『保育の場で子どもの心をどのように育むのか――「接面」での心の動きをエピソードに綴る』ミネルヴァ書房
佐伯胖（2010）．「いま，あらためて，カンファレンスを問う」子どもと保育実践研究会第 14 回夏季全国大会講演資料
諏訪正樹・堀浩一（編著）（2015）．『一人称研究のすすめ――知能研究の新しい潮流』近代科学社
田代和美（1995）．「保育カンファレンスの機能についての一考察」『日本保育学会大会研究論文集』48, 14-15.
中坪史典・岡田たつみ・三宅瑞穂（2009）．「保育者の省察を促す方法としての「解説的分析」――映像実践を媒介とした保育者と研究者の協働から」『保育の実践と研究』14 (3), 54-63.
ベナー，P.（井部俊子ほか訳）（1992）．『ベナー看護論――達人ナースの卓越性とパワー』医学書院
ポランニー，M.（高橋勇夫訳）（2003）．『暗黙知の次元』筑摩書房（ちくま学芸文庫）
ホルト，J.（吉田章宏監訳）（1981）．『子ども達はどうつまずくか』評論社
マリノウスキー，B.（高橋渉訳）（1981）．『バロマ――トロブリアンド諸島の呪術と死霊信仰』未來社

村上陽一郎（2015）．「理解の文脈依存性」佐伯胖（編著）『理解とは何か』（コレクション認知科学 2）東京大学出版会，pp. 9-36.

森上史朗（1988）．「よりよい実践研究のために」『別冊発達第 7 号 乳幼児保育実践研究の手引き』ミネルヴァ書房，244-250.

森上史朗（1995）．「保育実践研究の基盤を考える――見ること，語ることから記録することへ」『発達』（特集　物語るものとしての保育記録），16 (64), 1-6.

森上史朗（1996）．「カンファレンスによって保育を開く」『発達』（特集　保育を開くためのカンファレンス），17 (68), 1-4.

森上史朗（2003）．「高杉自子氏が保育界に遺した遺産――実践から生み出し，実践を高める保育論」『保育の実践と研究』8 (1), 69-76.

山住勝広（2004）．『活動理論と教育実践の創造――拡張的学習へ』関西大学出版部

ライル，G.（坂本百大・井上治子・服部裕幸訳）（1987）．『心の概念』みすず書房

レディ，V.（佐伯胖訳）（2015）．『驚くべき乳幼児の心の世界――「二人称的アプローチ」から見えてくること』ミネルヴァ書房

Gyobu, I., & Toda, M. (2008). "Scene-commentary device: A tool for the immediate reflection over observed episodes", *Proceedings of World Conference on Educational Multimedia, Hypermedia and Telecommunications* (*ED-MEDIA2008*), 2008 (1), 5635-5639.

Gyobu, I., Toda, M., Uemura, T., & Kudo, Y. (2009). "Tool for collective analysis of visual scenes in moving activities", *Proceedings of World Conference on Educational Multimedia, Hypermedia and Telecommunications* (*ED-MEDIA2009*), 2009 (1), 4013-4018.

Gyobu, I., Uemura, T., Nakano, Y., & Sayeki, Y. (2014). "The

development of a video tool to support reflection in educational practice", *Proceedings of World Conference on Educational Multimedia, Hypermedia and Telecommunications* (*ED-MEDIA 2014*), 2014 (1), 874-879.

Schön, Donald A. (1983). *The reflective practitioner: How professionals think in action.* Basic Books (佐藤学・秋田喜代美（訳）(2001).『専門家の知恵——反省的実践家は行為しながら考える』ゆみる出版／柳沢昌一・三輪建二（監訳）(2007).『省察的実践とは何か——プロフェッショナルの行為と思考』鳳書房)

Tobin, J., Hsueh, Y., & Karasawa, M. (2009). *Preschool in three cultures revisited: China, Japan, and the United States.* Chicago: University of Chicago Press.

Tobin, J., Wu, D., & Davidson, D. (1989). *Preschool in the three cultures.* New Haven, CT: Yale University Press.

Winograd, T. (1975). Frames representations and the declarative/procedural controversy. In, D. G. Bobrow & A. Collins (Eds.), *Representation and understanding: studies in cognitive science.* New York: Academic Press, pp. 13-30. (邦訳「枠の表現と宣言型／手続き型論争」ダニエル・ボブロー／アラン・コリンズ（編）(1978).『人工知能の基礎——知識の表現と理解』近代科学社, pp. 171-194)